南大智库文丛

李刚主编

提升政策辩论力

智库多层次传播方法

〔美〕乔纳森·A. 施瓦比什　主编

雷媛　李刚　等　译

Jonathan A. Schwabish

Elevate the Debate:
A Multilayered Approach to
Communicating Your Research

南京大学出版社

Title: Elevate the Debate: A Multilayered Approach to Communicating Your Research
ISBN: 9781119620013
Copyright © 2020 by John Wiley & Sons

Simplified Chinese translation copyright © 2024 by NJUP

江苏省版权局著作权合同登记 图字：10–2022–524 号

图书在版编目（CIP）数据

提升政策辩论力：智库多层次传播方法 /（美）乔
纳森·A. 施瓦比什主编；雷媛等译 . -- 南京：南京大
学出版社，2024. 10. --（南大智库文丛 / 李刚主编）.
ISBN 978–7–305–28158–7

Ⅰ. G206
中国国家版本馆 CIP 数据核字第 2024QS1865 号

出版发行　南京大学出版社
社　　　址　南京市汉口路22号　　邮　编　210093

丛 书 名　南大智库文丛
丛书主编　李　刚
书　　　名　提升政策辩论力：智库多层次传播方法
　　　　　　TISHENG ZHENGCE BIANLUNLI: ZHIKU DUOCENGCI CHUANBO FANGFA
主　　　编　[美] 乔纳森·A. 施瓦比什
译　　　者　雷　媛 李　刚 等
责任编辑　张　静

照　　　排　南京新华丰制版有限公司
印　　　刷　南京新世纪联盟印务有限公司
开　　　本　718mm×1000mm　1/16开　印张　15.25　字数　238千字
版　　　次　2024年10月第1版　印次　2024年10月第1次印刷
ISBN　978–7–305–28158–7
定　　　价　118.00元

网　　　址：http://www.njupco.com
官方微博：http://weibo.com/njupco
官方微信：njupress
销售咨询：（025）83594756

智变时代：务实传播与新型工具的共鸣

时移世易，自本书英文版付梓以来，世界已发生了翻天覆地的变化。书中的推特已更名为X，领英也从中国市场黯然退场。与此同时，Tiktok在全球社交媒体市场风生水起，却也面临着层出不穷的政治挑战。而更为重要的是，以ChatGPT为代表的生成式人工智能技术，正在无声无息中重塑我们的工作与生活方式。

这本书过时了吗？答案显然是否定的。

在这个信息爆炸的时代，人类拥有了更多的沟通渠道和手段，真正有效的沟通却似乎越来越难。在信息的海洋中，每个人都在发声，但真正能够被听见、被理解的声音却寥寥无几。这恰恰凸显了传播的价值所在。

尽管全球智库工作者们使用的工具各不相同，书中提及的某些工具如博客如今已基本被替代，但是书中概括总结的智库传播原理、原则和方法却具有持久的生命力，引导我们从更高的层面思考政策倡导的智慧。这些智慧的价值不在于告诉我们如何利用一款沟通软件，而在于揭示了智库传播的本质属性和普遍规律。智库是服务公共利益的集学术研究、政策生产、价值倡导为一体的非营利机构。智库传播的鹄的不是塑造受众的认知，而是消除信息的不对称，从而形成共识、互相理解、产生共情、达成公共福祉。如果忽视了传播的力量，智库就与大学象牙塔里的研究中心毫无区别；如果忽视了基于公共利益的价值倡导，智库与营利性咨询公司也相差无几。由此可见，客观理性的传播对智库而言尤为重要。

　　大智若愚，大音希声，君子不器。对智库而言，服务公共利益是传播最高价值，面向受众是最基本的原则，直指本心、通俗易懂是文案写作的最根本的方法，至于平台的选择和App的应用，中外智库工作者则可以便宜行事，各美其美。

　　我们非常幸运有机会参与翻译这本在理论构建、方法阐释和工具介绍方面皆具有启发性的智库传播专著。我们期冀中国智库工作者能够从中受到启发，更有效地向世界讲述中国的故事，让世界真正聆听来自中国的声音，共同构建一个多元、开放、包容的世界。

译者

2024年6月11日

目 录

相较以往,专家有必要进一步将他们的循证见解展示给决策者和有影响力的人。

案例研究:创建一系列产品以覆盖不同的受众

有的受众可能需要对数据和方法进行细致透彻的分析,有的则可能需要了解关键词,还有的需要最重要且最低限度的数字或事实。

案例研究:针对不同受众的宣传工作

要有目的地选择图表中包含的内容,这样才能最好地满足读者的需求,传达你想要传达的信息。

案例研究:读者们喜欢吃透那些易于理解的数据可视化

目 录　　　　　　　　　　　　　　　　　　　　　　003

致 谢

　　本书的内容是由城市研究所（Urban Institute）传播部门在2016年至2019年期间举办的一系列研讨会内容发展完善而来。参与研讨会的专家大多来自不同领域，如住房、国际发展、社会工作、劳动经济、医疗保健等。研讨会受到一致好评，启发了我们把这些经验转化为文字帮助更多的研究人员。

　　我们非常感谢城市研究所的研究人员，他们对学术的奉献和协作精神让城市研究所成为思想领袖、学者、从业者、记者和政策制定者所信赖的信息来源。我们还要感谢直接支持本项目的在任以及前同事们：罗伯·阿巴尔（Rob Abare）、菲奥娜·布莱克肖（Fiona Blackshaw）、本·查托夫（Ben Chartoff）、马特·钦戈斯（Matt Chingos）、玛丽·坎宁安（Mary Cunningham）、艾莉森·费尔德曼（Allison Feldman）、丹·福勒（Dan Fowler）、玛莎·加尔韦斯（Martha Galvez）、希瑟·哈恩（Heather Hahn）、瑞秋·肯尼（Rachel Kenney）、亚琳·科尔宾·路易斯（Arlene Corbin Lewis）、杰弗里·林（Jeffrey Lin）、丽安娜·纽曼（Rhiannon Newman）、雪儿·帕尔多（Sheryl Pardo）、阿尔查娜·佩亚特（Archana Pyati）、布兰妮·斯宾纳（Brittney Spinner）、杰瑞·塔（Jerry Ta）、亚历克斯·廷斯利（Alex Tilsley）、约翰·韦曼（John Wehmann）和莎丽塔·威廉姆斯（Sarita Williams）。

　　我们还要对城市研究所所长萨拉·罗森·沃特尔（Sarah Rosen Wartell）表示

感谢，感谢她的领导；感谢她对易于理解、引人入胜的研究的信任；感谢她激励我们保持专业，不断进步。

本书最重要的贡献来自诸位作者，他们都是在各个媒介和平台上以不同的方式交流研究和分析的专家。他们都坚信利用数据、事实和研究来改善公共政策、社区和生活的重要性。

——乔纳森·施瓦比什（Jonathan Schwabish）

前　言

　　城市研究所是位于华盛顿特区的非营利性研究机构，成立于1968年，致力于研究国家的城市问题并评估林登·B.约翰逊（Lyndon B. Johnson）政府的"伟大社会"（Great Society）[1]计划。如今，城市研究所拥有500多名[2]社会科学家、经济学家、数学家、人口学家、数据科学家、政策专家和传播专家。在我们的核心理念中，我们相信良好的决策应基于事实而非意识形态，能够改善公共政策和实践，壮大社区，改变企业的思维和运作方式，并改善人们的生活。我们的研究并非为了研究本身或为了少数学者，而是旨在成为改变认知、思考和行动的催化剂。

　　2013年，城市研究所的传播部门开始迅速发展，旨在更好地帮助城市研究所与其他研究人员、决策者、从业者、公众和媒体建立联系。凭借全新的品牌形象和数字化形象，城市研究所开创了为研究注入新活力的新途径。如今，城市研究所作为充分实践现代化方法的机构为其他非营利组织树立了典范。

　　随着城市研究所的传播工作开始取得成果，团队举办了一系列内部和外部培

---

　　1 "伟大社会"（Great Society），指的是1964年美国总统林登·约翰逊发表演说，宣称"美国不仅有机会走向一个富裕和强大的社会，而且有机会走向一个伟大的社会"，由此所提出的施政目标。为实现这一目标，国会通过了四百多项涉及"向贫困宣战""保障民权"及医疗卫生等方面的立法，将战后美国的社会改革推到了新的高峰。——译者注（本书页下注皆为译者注，下略。）

　　2 本书中为500多名，2023年6月官网数据为600多名。

训，培训主题涉及媒体关系、博客写作、社交媒体、数据可视化、演讲技巧以及将研究成果转化为政策制定者可理解的形式等。

　　应一家重要基金会的要求，我们将所有这些内容整合进为期一天的培训课程，为研究人员提供所需的工具。如今，我们向各类学术研究人员和组织提供个性化培训，以期对他们的重要工作产生更有意义的影响。在本书中，我们将概述、技巧和策略记录下来，以供您记忆和应用。

　　城市研究所的首席传播官布丽奇特·洛厄尔（Bridget Lowell）启动我们的政策研究训练营时，她首先抛出了一个简单的问题："在与记者或营销传播人员合作时，你们中有多少人会感到挫败？"

几乎所有人都立刻举手示意

　　"你是否曾多次投入大量时间精力，煞费苦心地帮助非专业人士了解你的工作，但他们依然发表了全然错误的报道？"

大多数人仍举手示意

　　无论是在学术机构、非营利组织还是政府机构，研究人员都会经常感到他们的工作被忽视或被曲解。许多人觉得开展高效的沟通工作已经超出了他们的技能范围，或者不值得他们下功夫。在城市研究所，我们持完全相反的观点。我们认为，那些致力于进行客观、严谨研究的人们同样可以有效地将这项工作传达给任何目标受众。我们所遵循的沟通技巧适用于任何试图分享研究信息、动员受众针对某一论点进行深度思考，并推动正确决策以解决问题的组织。这样一来，我们在城市研究所开发的技巧就能被各类研究人员和思想领袖所用，从而提高他们在组织内外部的论证水平。

　　诚然，要做到这些，时间、精力和技巧都必不可少，但并非不可能。本书会帮您实现这一目标。本书将从八个不同的主题领域，帮助您有效地与工作中的受众进行沟通。它们将共同协助您找到受众并与之沟通。这样做会产生诸多好处，例如扩大受众群体，对政策产生影响，找到新的合作伙伴，获取新数据以及找到新的资助者等。

本书分为八章，旨在帮助您更好地进行研究交流与传播。

1. **引言**。你应如何确定你的目标受众，又应如何论证高质量沟通的重要性？布丽奇特·洛厄尔举例阐述了高质量沟通对于证明事实的必要性。

2. **拓展受众**。谁是能够帮助你沟通工作或与其他潜在合作伙伴、团体和资助者建立联系的政策制定者、决策者和有影响力的人？埃米·埃尔斯布里（Amy Elsbree）和埃米·皮克（Amy Peake）向你展示了应如何慎重选择想要接触的对象以及你该如何接触他们。

3. **数据可视化**。你应如何创建能更好地传达你的研究成果的视觉资料和图表？乔纳森·施瓦比什详细介绍了不同类型的图表和一些数据可视化的优秀实践案例。

4. **讲演**。有哪些策略和方法可以让讲演吸引到观众并帮助他们利用你的研究？在本章中，施瓦比什讨论了应如何规划、设计和呈现有效的讲演。

5. **博客**。你应如何把信息传递给那些可以利用它做出更好决策的人？在本章中，妮科尔·莱文斯（Nicole Levins）阐释了撰写博客对于宣传研究很重要的原因，以及着手撰写前需要知道的事项。

6. **媒体关系**。你应如何与记者谈论你的工作，吸引他们，使你的成果被报纸、博客、电台和播客提及和引用？在本章中，斯图·坎特（Stu Kantor）为你提供了具体的策略，以帮助你沉着自信地面对下一次采访。

xiv

7. **社交媒体**。如何利用推特、脸书等社交媒体平台与新的有影响力的受众建立联系和对话？戴维·康奈尔（David Connell）列举了你可能需要的技巧，让你在社交媒体上进行舒适而高效的互动，并且不会从你已经在做的重要工作中分心出去。

8. **影响计划**。现在所有信息和工具都触手可及，要如何将它们组合在一起呢？在最后这一章中，凯特·比利亚雷亚尔（Kate Villarreal）展示了应如何建立一个全面的传播策略，将战术和产品编织形成单一的、有重点的计划。

作为一个团队，我们致力于帮助研究人员和其他需要数据知识的探求者更好地传播他们的研究，并影响他们的目标受众。我们分享我们的工具、技巧和策略，因为我们相信，更好地传播重要研究成果可以带来更好的结果。

我们希望林登·约翰逊总统能为他于1968年委任的这所独立机构感到骄傲，这个机构曾承诺"通过知识赋予我们力量，帮助解决让所有人心头沉重的问题——美国城市及其居民的问题"。他希望城市研究所能够填补真正的需求空缺，即"弥合追求真理的孤独学者与追求进步的决策者之间的鸿沟"。我们希望本书能够推动当今的学者和决策者踏上同一旅程。

第一章
学术研究为何需要大众化传播

布丽奇特·洛厄尔 / 文　陈洁 / 译

相较以往，专家有必要进一步将他们的循证见解展
示给决策者和有影响力的人。

案例研究：创建一系列产品以覆盖不同的受众

　　如果你和大多数研究人员一样，你可能会质疑自己将工作传达给更多人的价值。持这种怀疑态度完全可以理解。或许这只是小事一桩。也许你曾心怀沮丧，因为研究成果被记者误解，即便在电话里花费一小时加以解释，却也于事无补；也许你的研究成果曾被完全不了解置信区间的好心博主曲解；抑或你的同行或系主任对你的博客或推特嗤之以鼻，表示你最好将时间花在学术论文的写作上。1

　　我能理解你的想法。我听过所有这些抱怨，甚至更多。我的目标——也是贯穿这本书的诉求——就是要证明，成为一名成功的学者需要将自己的见解分享给学界以外的人。毕竟，如果你的研究不能与其试图影响和改变的外部世界建立联系，它还有什么价值呢？对于优秀的研究而言，无论它是来自学术界、非营利机构还是商界或其他领域的思想领袖，都需要进行规划，以寻求更为广泛的受众，从而扩大其影响力。2

　　我们将提供必要的工具，让你能够按照自己的方式阐释研究成果，告诉读者和用户该如何理解你的发现。阅读完本书后，你会受到启发，具备使用传统媒体和数字媒体的能力，并再也不会因为将工作传达给他人而自嘲或被他嘲了。

　　我们为相信和持怀疑态度的人编写了这本指南，因为坦率地说，研究界是时候参与这场对话了。循证思维需要深入所有机构和组织中，以便洞察力和敏锐的观察力在各个领域都有立足之地。你的目标应该是将研究结果带入所有对话中，并最终促成健全的批判性思维、决策方案和解决问题的方式。

由你来证明事实的重要性，以及让它们产生影响。

在"替代事实"和"假新闻"进入我们的词汇表之前，事实、科学和信息的环境就已经发生了根本性的转变。对机构的尊重——那些通常是广泛认同的事实的来源的机构——多年来一直在被削弱。皮尤研究中心2019年3月的一项民意调查发现，"大多数美国人对新闻媒体、商业领袖或当选官员为公众利益行事并没有太多的信心，甚至没有信心"。其他调查也发现，在美国，人们对商业、媒体、政府和非政府组织（NGO）的信任度在不断下降。2018年6月的一项盖洛普（Gallup）民意调查显示，公众对国会和媒体组织的信心最低，但"在过去三年中，没有哪所机构的信心下降幅度比高等教育更大"。盖洛普调查发现，对学术界的信任下降最为明显的是自称共和党的人群，但民主党人和无党派人士也表示信心下降。

这一点可能最好用英国前司法部部长迈克尔·戈夫（Michael Gove）在英国脱欧公投后所说的话来概括："这个国家的人民对专家们已经感到厌倦。" 3

联邦民选官员本身往往是最不被信任的人之一，他们在制定和表决立法时几乎没有接受证据。2017年，一些国会议员甚至不再依赖国会预算办公室的客观的、无党派的立法分析，该分析长期以来一直被认为是预算和经济估计的权威来源。

因此，坏消息是风险很高，事实上确实很危险，进行认真研究和分析的人不能坐视不管。为了确保研究被纳入当今最重要的决策，研究人员必须参与到当今快速变化的政策生态系统中。

好消息是做这件事较为简单。

研究人员从未有过如此直接设定议程的权力。学者们从未对他们的证据如何被展示和传播有如此大的控制权。大家从来没有像现在这样有能力使数据民主化，并将信息直接交到用户手中以供他们思考和考虑，并围绕循证思维采取可能的行动。

今天的信息消费者具备前所未有的获取信息及其透明度和个性化定制信息的机会，能够深入了解这些信息对他们所在社区的意义。这正是我们作为研究界要展示的：事实确实重要，而且比以往任何时候都更加重要。

具有战略性眼光：设定影响目标

太多学者和分析师只是写了一篇报告、备忘录或博客文章，就期望凭借其质量的优势找到受众并产生积极影响。但在当今充斥着内容、研究和数据的拥挤环境中，情况并非如此。影响力并非通过报告结束时的传播而获得，而是通过报告开始时有意识的、仔细的规划而获得。理想情况下，你的传播计划应与研究设计相一致。你应该从以下问题开始思考：**我将回答什么问题，以及我将通过这项研究解决什么问题？为了谁，达到什么目标**？

有效的传播和拓展策略始于研究问题而非研究发现，比如，谁将从本研究获益？研究将如何改变受众的决策？受众将如何消化信息，我该用怎样的方式呈现研究成果使之为他们所用？

根据目标受众的实际情况取得联系

本书中我们的团队将提供工具和策略将证据直接送给需要它的人——无论他们是否知道。

第一步是定义和了解你的受众，然后根据受众的需求调整你的产品。你的受众不应该是"普罗大众"，这是一个为营销人员所诟病的毫无意义的描述。你的受众是你作品的消费者：有权在参与其中时采取行动的个体。大学里的学者可能有心研究你长达150页的报告，但国会山的工作人员或繁忙的首席执行官可能只有在早晨通勤时才有时间看一看章节标题。如果你的目标是覆盖所有这些不同的受众，你需要为每类人量身定做不同的特定沟通产品。

请注意，这不是"降低难度"——这是对那些既寻求又交流循证见解的老练且严肃的专家的一种侮辱。这是为了澄清、简化，并以你的见解为基础，同时以证据为依据，然后确保每个想深入研究的人都能得到数据和详细信息。

定义你的受众是呈现研究内容的第一步，然后通过分析结论展示对关键问题的答案。

金字塔哲学　　　　　　　　　　　　　　　　　　　　　　　　　　5

传播研究的方式有无数种：长报告、短简报、采访、博客文章、社交媒体帖子、演讲文稿等等。你的内容不可能适合所有的方式，也不是每个受众都会对其做出反应。把这些不同的输出类型看作一个层次结构而不是选项，更为有用。不一定要让一个受众与另一个受众对立，也不需要在复杂和简化之间进行权衡。相反，你可以用一种多层次的方法来传播工作成果。

我们喜欢用两个镜像金字塔来思考传播研究，如下图所示。一边是复杂性金字塔，这是我们采用这种多层次传播的起点：底部是严格开展的研究基础，通常是一份密集的技术报告，如白皮书或工作文件。然后，我们沿着金字塔的方向向上——接下来是同行评审的期刊文章，这可能会删除工作文件中的一些密集的分析和论述。然后是国会或专家证词，此处你的专业知识更为重要，并体现在书面文件中。在金字塔的更高层，会发现一些技术性含量较低、更容易理解的产品，如情况说明书、简报、博客文章和媒体采访。在金字塔的顶部则是社交媒体的帖子。

　　我们将这个复杂性金字塔与显示受众规模的金字塔配对。可以看到，只有少数人在阅读工作文件，稍微多一点的人在阅读期刊文章，这不足为奇。这些产品的受众规模很小：读者必须通过数十页甚至数百页的公式和表格来阅读完数十页的方法论文献综述和分析，然后才能获得研究结果。并没有太多人有足够的专业知识来获取作者想传达的见解。但很多人在阅读简报和情况说明书，可能还有更多人在阅读专栏文章、评论和博客文章。可能有数百人，甚至数千人，在阅读推文或脸书上发布的帖子。

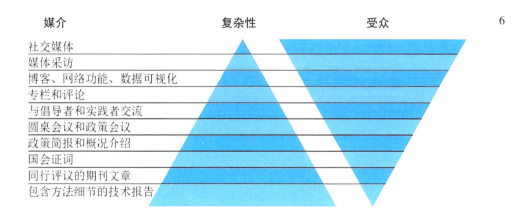

6

　　关键在于：**复杂性金字塔上的每个产品都与下面的一个产品相连接，以深入的、复杂的分析为基础。**每篇博客文章都链接到底层的证据和报告。每个网页特性都包含下载数据集或报告的选项。每条推文都会回溯到更深入的分析，提供支持每个金字塔层级所提出的主张的证据。对于希望深入了解的用户来说，数据是可以获取的。证据与提出的问题深度一样，甚至更深，并且详细地进行了回答。

为自己"代言"

许多学者和研究人员将公共教育视为个人使命。他们慷慨地投入自己的时间，不遗余力地为人们提供有关数据和研究的全面解释。可以理解的是，当他们的工作被管理者或记者、小组主持人甚至是同事错误描述时，他们会感到沮丧。他们认为对方没有理解，没有抓住要点，或者根本不在乎。他们责怪接收者缺乏见识或注意力不够集中。

但这种误解往往是研究人员自己的问题，他们没有足够努力地思考如何解释自己的工作。你可能是教育政策或国际贸易方面的专家，但如果你不能解释你的工作，使你的听众、读者或记者能够理解它，它将毫无意义。这个挑战就是你所要承担的责任，所以要接纳它——稍加努力、思考和关注，它将带来回报。

我们的记忆力是有限的。正如发展分子生物学家约翰·梅迪纳（John Medina）在他的《大脑规则》（*Brain Rules*）一书中写道，我们的大脑只能容纳大约七条信息，时间不到30秒。延长这种记忆需要不断地让自己重新接触信息。这似乎合乎情理：回想一下你上次参加的演讲或阅读的期刊文章，你记得多少？如果演讲做得很好，或者文章写得很清楚，也许有两三个收获让你记忆深刻。甚至也许没有那么多。

在进行讨论之前，永远不要忘记，明确指出你希望读者或听众记住的两三个要点。强迫自己进行老生常谈但有价值的心理锻炼，向你的父母、邻居、青少年或其他感兴趣的非专家人士总结或解释你的研究。

以下是一些可以帮助你制定要点的其他问题：

· 你的研究中最有趣的两三个发现是什么？

· 有什么让你感到意外的地方？

· 哪些统计数据、百分比或事实特别值得注意？

·你的研究有什么政策性意义?

·你在开展研究时遇到了什么挑战?

·为什么你的研究如此重要?

设身处地以用户的角色思考。如果你为《纽约时报》撰写文章,你会如何取标题? 你的引言段落会是什么? 你会如何被引用? 你的推文会写什么?

通过把自己放在记者的位置上,你可以更了解他们需要从你的研究中得到什么,以及他们需要从你的解释中得到什么。你的工作如何能帮助他们取得发现,找到见解,并解决问题? 换句话说,这是一种共情。在努力提高科学家的沟通技巧方面,从演员变成科学的坚定捍卫者的艾伦·艾达(Alan Alda)表示,"有效的科学沟通发生在我们倾听和建立联系的时候。当我们产生共情时,沟通才能成功。我们应该更加关注对方的理解,而不仅仅关注我们想要表达的内容"。

将研究包装成个人故事

许多研究人员——尤其是那些专注于定量分析的研究人员——没有认识到与读者或受众在情感层面上建立联系的重要性。其中一种方法就是通过故事。在许多研究人员看来,故事是微不足道的,他们担心通过分享个人轶事,有可能破坏数据或统计分析的微妙之处和细枝末节。但是,人类天生就喜欢与故事,而不是统计数据产生共鸣和记忆,这就是为什么讲故事的神经生物学现在正被应用于商业和学术界。一些专家估计,当信息被编入叙事中时,人们对信息的记忆保留时长比单纯的事实要高出22倍。甚至有人推测,故事可以说服人们改变想法,使他们变得更善于共情,更具同情心和开放性。当然,故事不是你沟通策略的全部;相反,它们应该被用来帮助说明你的工作,将你的研究建立在人类经验的基础上,并证明为什么你的研究与受众有关。

　　以下故事将有助于阐明这一点。一位同事想在去学术会议做主题发言之前练习一下她的演讲。她和她的研究小组探讨了科罗拉多州丹佛市周围的家庭与州社会服务办公室的合作经验。我们聚集在一起，她开始了演讲，列出了议程，讨论了以前的文献，并深入研究了数据和细节，最后提出了政策结论。这是一场标准的学术报告，采用了标准的方法。当她演讲完，我们向她提供了一些基本的反馈，例如，针对一些密集的、难以阅读的幻灯片提出了建议。接下来发生的事情才是整个下午的关键。在随后的讨论中，研究团队描述了他们对丹佛市一些家庭进行的访谈：一对夫妇在填写申请表时遇到困难；一位单身母亲为了送孩子上学不得不乘坐三班公交车到市中心申请福利。这些故事吸引了我们所有人的注意力，没有数据，没有统计数字，只是关于人们努力养活自己和家人的故事。它有力地说明了为什么研究很重要，以及为什么我们必须评估和改进项目，以便能够更好地为人们提供服务。最后，她用这些故事替换了演讲内容的一部分，以展示她的研究如何与现实世界相关。

　　关于故事的力量的例子不胜枚举。通过演讲或写作，故事可以产生深远的影响。不需要把故事作为你工作的核心重点，你的故事也不一定要给出一个普遍适用的真理，但你可以并且应该用它们来使你的工作被人记住。将你的证据建立在你所关心的社区的生活经历中。考虑讲述你在开展研究时遇到的挑战，或者你为什么有动力进行研究，或者有趣的发现——或者更好的是，用当事人自己的话语讲述他们的故事。你的故事将让你与你的受众建立联系。

撰写更广泛的叙述

　　一旦你开始降低复杂度、磨炼你的洞察力并运用故事来展示你的研究为何重要，你就该考虑更广泛的叙述了。除了一两篇出版物，还要更广泛地解释为什么你的研究很重要。你为什么要做你所做的事？你在问什么问题？你希望你的工作产生什么影响？你使用的语言是否具有包容性？你是否为人们所面临的问题提供了历史和社会背景？复杂性金字塔并不包括所有的潜在产出，通常的情况是，在多个平台和出版物上进行更广泛的思考，可以帮助你的工作产生更大的影响。

三个例子很好地说明了这一点。

1. 马修·德斯蒙德（Matthew Desmond）在威斯康星大学麦迪逊分校获得社会学博士学位后，加入了哈佛大学。在进行了关于种族、城市贫困和住房的研究之后，德斯蒙德在许多同行评议的杂志上发表文章，并在《纽约时报》上撰写各种专栏文章。他出版了畅销书《扫地出门：美国城市的贫穷与暴利》（*Evicted: Poverty and Profit in the American City*）。在书中，他跟踪了威斯康星州密尔沃基的八个家庭，这些家庭在贫困和住房困境中挣扎。他通过一个又一个有说服力的故事，成功地展示了驱逐在使家庭陷入贫困中所扮演的角色，这些故事都是有根据的。在不同资助方的支持下，德斯蒙德随后在普林斯顿大学建立了驱逐实验室，使全国范围内的驱逐数据可以被更多人获取和使用。

2. 凯瑟琳·埃丁（Kathryn Edin）是普林斯顿大学的社会学家，她利用故事的力量展示了每日靠仅仅两美元生活的不可能性。在对贫困、子女养育和税收进行了20多年的社会学研究后，埃丁与另一位教授，密歇根大学的卢克·谢弗（Luke Shaefer）合作，对低收入人群的调查数据进行了研究。埃丁和谢弗在同行评议的期刊和编辑的书中发表了他们的研究。在他们2016年出版的《每天两美元在美国无法生存》（*$2.00 a Day: Living on Almost Nothing in America*）一书中，埃丁和谢弗将他们的定量数据分析与对超低收入人群的实地采访进行了结合。

3. 拉吉·切蒂（Raj Chetty）是斯坦福大学的经济学家。在她职业生涯的早期，切蒂的研究重点是税收和劳动力市场，并在该领域的一些顶级期刊上发表文章。2013年左右，切蒂利用美国国税局和社会保障局的行政数据，研究了收入和收入流动性（在收入或收入分布中的移动倾向）在不同时期、不同代际和特定地理区域内的模式。切蒂后来与布朗大学和哈佛大学的研究人员创建了一个合作项

10

目和网站，即机会平等项目，以向更多的人提供数据和分析。

你并不一定需要一个研究团队和一本畅销书的预付款来完善你的故事和磨炼你的叙述。任何研究人员都可以做到这一点：将自己的工作编织成一篇论文，阐述问题存在的原因以及如何克服这些问题。

使用各种工具来传达你的见解 11

一旦你阐明了见解、叙述和故事，就应该开始到处使用它们。无论何时何地，不断重复它们，直到你自己都感到厌烦。然后再重复多次。你的见解应该在你的报告和博客文章的摘要中得到体现。它们应该在你的媒体采访中被提及，并被记者引用。它们应该出现在你的推文中。假以时日，它们应该与你的学者身份——你的个人品牌联系起来。尽管许多研究人员会对"个人品牌"这个词嗤之以鼻，但当你要求别人阅读、倾听和接受你的工作时，这就是你所做的事情。你在向他们"推销"你的观点。

总的来说，不是人人都会阅读或看到研究金字塔中的每个产品。采纳你的见解将帮助你接触更多用户。接触更多的人并不是为了成名或被《纽约时报》引用。它甚至可能不会直接导致晋升或获取终身职位。但是，接触更多人可能会给你带来新的合作者、新的资助者或新的数据，从而引导你到达新的里程碑。花时间制订自己的战略沟通计划最终会带来巨大的回报，不仅是个人的，也包括你所研究的领域。

总结

我们编写这本书是为了帮助你——研究人员、分析人员、思想领袖、学者——更好地传播你的工作。你可能没有可以依靠的传播部门，帮助你把内容传播出去。你可能需要独自来做这件事。但这并不会很痛苦,也不会很困难。通过学习如何制作更好的图表、发表更好的讲演、撰写更好的博客文章和进行更好的采访,你可以帮助他人了解你的研究成果。

　　本书中的课程旨在帮助你设计自己的传播策略,开始设计策略前首先要认识到你的工作的重要性以及可用于接触受众的不同渠道。

案例研究：创建一系列产品以覆盖不同的受众

12

2018 年，城市研究所都市住房与社区政策中心的一个研究团队正准备发布一份报告，他们知道这份报告将引起轰动。该所研究人员多年来一直在研究住房歧视问题，探讨其对有色人种、残疾人、有孩子的家庭、同性伴侣和变性人的影响。现在，他们在这个清单上又增加了一个群体：住房券持有者。

在 2018 年的试点研究中，该团队展示了最大、最全面的住房歧视测试结果，提供了房东接受住房券的数据。该团队研究了加利福尼亚州洛杉矶、得克萨斯州沃思堡、宾夕法尼亚州费城、华盛顿特区、新泽西州纽瓦克的房东对住房券的接受情况，发现房东一直拒绝住房券持有者，限制了他们在良好社区获得体面住房的机会。

该团队的研究结果在住房领域引起了轰动，但不同的受众需要不同的信息。当地媒体想了解他们特定地区的结果的更多细节，联邦政策制定者希望了解住房选择券计划更广泛的影响，而其他研究人员想知道他们研究背后的方法。

研究团队与城市研究所的传播人员合作，确定哪些产品和信息最适合哪些受众。除了主要的研究报告，他们还开发了一些产品：

13

1. 扩展摘要和执行摘要，为政策制定者提供主要发现和要点。

2. 五份概况介绍，详细介绍了五个城市的情况。

3. 一篇 700 字的博客文章，向全国读者介绍整体发现和政策影响。

4. 向一系列利益相关者发送有针对性的电子邮件。

5. 为地方和国家媒体量身定做的媒体推介。

6. 为其他研究人员制作的幻灯片，其中包括更详细的方法论信息。

在报告首次发布后，研究团队继续寻找其他机会来分享他们的工作，并进一步巩固他们在住房歧视领域的专家地位。在报告发布后的几个月里，他们又在城市研究所的主要博客 Urban Wire 和 Urban-Greater DC 网站上发表了两篇关于洛杉矶和华盛顿特区具体结果的博文，为得克萨斯州的一家新闻媒体写了一篇专栏文章，与国会工作人员讨论了他们的研究结果，并将研究结果纳入向众议院交通、住房和城市发展小组委员会及相关机构提供的证词中。

该团队的努力得到了回报。该报告在国家和地方媒体上被广泛引用。资助这项研究的住房和城市发展部与全国各地的房东和地方利益相关者开展了听取活动。洛杉矶县监事会也采取行动，取缔对住房券持有者的歧视，并将该研究所的报告作为他们工作的关键推动力。

城市研究团队明白，一份冗长而复杂的报告并不是接触所有受众的最佳方式。他们创造了更简短、更易理解的产品，并为不同的受众调整了信息传达方式和关注重点，使这些群体可以利用研究结果做出有意义的改变。

该项目的首席研究员玛莎·加尔韦斯表示："我们提供了所有这些产品，以便以不同方式对不同受众有意义。这一系列产品为我们提供了很多工具，使我们能够满足人们的需求。"

14

第二章
研制拓展受众的策略

有的受众可能需要对数据和方法进行细致透彻的
分析，有的则可能需要了解关键词，还有的需要最
重要且最低限度的数字或事实。

案例研究：针对不同受众的宣传工作

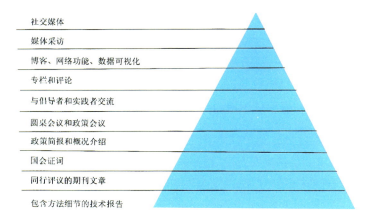

社交媒体

媒体采访

博客、网络功能、数据可视化

专栏和评论

与倡导者和实践者交流

圆桌会议和政策会议

政策简报和概况介绍

国会证词

同行评议的期刊文章

包含方法细节的技术报告

15

　　研制工作沟通策略的第一步是确定受众。根据沟通目标，受众范围囊括少数学术专家、政策制定者和感兴趣的公众。所有成功的宣传活动事先都对目标人群和触达方式进行了精心分析和谋划。

　　直接与受众和其他利益相关者沟通，可以帮助你将工作成果传达给合适的人，并提高你的知名度。或许你并不追名逐利，但提升知名度可以帮助你与新同事、新研究机遇、新资助者和新数据来源建立联系。通过有效识别并有目的地与最相关的群体进行沟通，有助于确保目标人群能够看到并知晓如何对你的研究

16

采取行动，而不仅仅是希望他们碰巧在新闻中或恰巧在浏览社交媒体时看到研究内容。最终，这种沟通方式——有目的的、直接的个人宣传——有助于加强你与受众的关系，以便你们共同影响政策并推动变革。

后续章节将深入介绍使用媒体关系、社交媒体、博客、数据可视化和其他手段来利用传播平台的策略，帮助你触达受众。利用这些传播平台不仅可以帮助你触达公众、思想领袖和影响力者，还有助于建立你的信誉和声誉，并有助于与政策制定者开展未来的对话。

在本章中，我们将帮助你确定你的受众（提示：并不是所有人）。我们将特别关注如何直接接触政策制定者受众，因为在很多情况下，他们是政策建议的主要目标。

明确受众

当我们询问研究人员试图通过研究接触什么样的人时，我们经常听见的回答是："每个人。每个人都会感兴趣的，每个人都想看到结果。如果我能接触所有人，那么每个人就会包括重要人物，这样我的建议就会付诸实施。"

但是，这并不是宣传和沟通工作的方式。人们有不同的兴趣、不同的优先事项和不同的理解水平。试想，与从业者或决策者的受众相比，你更期待同事或经理对你的工作做些什么？有些受众可能需要对数据和方法的细致透彻的分析，有些可能需要关键信息和最重要的、最低限度的数字或事实。如果你能接触不同背景的人，你的工作就会更强大，影响力也会更广泛。

要想成功地接触受众，首先需要对受众进行构思。但试图接触所有人往往会导致一个人也接触不到。首先，问自己四个宽泛的问题：

1. 你的目标是什么？你想要分享你的研究成果吗？你是否正在寻找合作伙伴、更多数据、更多资金？你想改变想法或政策吗？

17

2. 谁能帮你实现目标？谁对掌权人有影响，又是谁能在这些问题上推动社会变革？

3. 哪些政策制定者或决策者掌握你所研究的政府项目或问题的控制权？你的工作在什么级别的政府部门（地方、州、联邦）最适用、最有应用价值？哪些非营利组织、从业者或私营公司会发现你的工作有价值？

4. 你最有可能成功接触的地方是哪里？哪些研究人员、组织或政策制定者最有可能帮助你实现目标，进而反过来帮助你的受众实现他们的目标？

回答几个关于你想接触的人群类型的初始问题，将有助于你将注意力放在希望人们如何使用你的研究，并细化你的目标受众上。有这些目标后，现在是时候对你特定的受众进行定位了，记住，并非所有受众都是相同的。我们将不同人群分为七个大类。

1. 学术研究机构。你可能关注信息或数据的共享，或者可能对推动研究领域的技术或理论进展感兴趣。考虑与你从事类似工作或同一领域的大学和学院、研究协会和数据组织。

2. 非营利性组织。哪些组织的工作与你的研究领域相同，并且有可能从研究成果和建议中受益？考虑倡议团体、服务提供部门、慈善机构、活动家、会员组织和社区利益相关者。确保一定要包括具有生活经验的人，他们可以由社区或倡导组织代表。

3. 资助方。你可能需要资金支持来继续或拓展你的研究，或者有资助机构和其他慈善组织能够在自己的工作中使用你的研究。看看是否能找到在你研究领域工作的具体资助机构或组织。

4. 联邦机构和行政部门员工。美国联邦政府雇用了超过200万名全职员工。如果把联邦政府作为目标，那就好比把所有人当作目标。有哪些具体的机构、团体或委员会特别相关？同时也要考虑独立的政府机构。

5. 联邦立法部门成员。美国国会由435名众议员和100名参议员组成。英国

18

议会有650名议员，印度议会则有790个议员席位。这些大型组织并不局限于选举产生的成员。在美国，国会工作人员直接为华盛顿特区的国会议员以及该议员所在的选区或州工作。在国会委员会和党团会议中也有高度专业化的政策团队，以及国会图书馆、国会预算办公室和政府问责办公室的研究人员。你的研究如何帮助立法者为政策或计划提供依据？

6. 州和地方的民选官员和项目官员。小托马斯·P.“蒂普”奥尼尔（Thomas P. "Tip" O' Neill, Jr.）曾于1977年至1987年担任众议院议长，他常与“所有政治都是地方政治”这句话联系在一起。也可以说，“所有政策都是地方性的”。你的研究结果可能最适合由地方决策者和政策制定者使用和实施。你不仅要考虑特定的地方选举领导人，还要考虑像全国州长协会或全国城市联盟这样的大型协会（均在美国）。此外，你也可以考虑当选官员的工作人员、项目主管和从业人员。

7. 私营部门。你的研究是否适用于企业和咨询公司等私营实体？也许某些私营部门或组织可以在他们的项目中应用你的成果，其他的一些组织则可能愿意资助你的工作。

当你着手进行受众工作时，可以使用本章末尾的检查清单来帮助思考。这份清单更详细地划分了七类群体，以帮助你思考哪些组织可能想了解你的工作。

想象（并找到）你的受众

要想知道哪些受众会接受你的研究，一种方法是想象一下如果你扮演了这个角色会怎么做。如果你是一位市长、国会议员或首席执行官，你会利用这项研究做些什么？起草一项法律？启动一个新项目？还是资助下一步的研究？

想象一下你是市长：你所面临的挑战包括填补路面坑洞，保护公众免受伤害，以及确保所在城市吸引就业和商业。作为市长，你会运用研究成果采取什么行动？开展一个项目？成立一个特别任务组？又或者，市长并不是这项具体工作的合

19

适人选？做一点网上调查，将你的想象计划与现实情况相匹配。你的市长是否有权力或管辖权根据你的见解进行改变？她/他是否对此感兴趣并将其作为政治议程的一部分？如果她/他不感兴趣，副市长或其他议会成员可能会感兴趣吗？

缩小关注点

不要试图做得太多。与其吸引那些可能草率浏览你的工作的广泛群体，不如找到一小部分对你的工作非常感兴趣的人。你需要评估接触关键受众的最佳机会，并以此来缩小你的关注点。

在这里，我们可以依赖投资回报率（ROI）这一商业概念。在这种情况下，投资是指你花在与政策制定者沟通上的时间；如果你花费太多时间在对外宣传上，你就会没有时间去研究开发新证据，增强研究基础。如何在沟通和研究之间找到正确的平衡，这取决于你自己。

城市研究所的一个团队负责研究家庭储蓄及其对地方政府的影响，他们在开展研究和联系目标受众之间取得了良好的平衡。在开展新的研究时，该团队会提前计划，并请传播团队帮助制定情况说明以突出研究重点。研究团队还创建了可视化工具，各城市可以利用这些工具来查找数据，从而促进与希望快速了解研究要点的政策制定者直接对话。

但最重要的是，这些研究人员也会考虑参加回报率较高的网络研讨会和会议。他们参加由全国城市联盟主办的网络研讨会和会议，因为地方政府领导人都会聚集在这些地方。这些地方领导人已经对研究主题产生兴趣，并且在同僚中通常被视为有能力和值得信赖的影响力者。通过将研究成果直接交给已有兴趣分享信息的当地官员，研究团队正在利用特定的机会来接触他们的目标受众。

定义"政策制定者"

　　"政策制定者"是一个广义说法，可以指联邦、州或地方政府的官员，也可以指选举产生的官员或任命的官员，如内阁秘书或政府机构负责人，也可能是指在委员会或工作小组中与这些官员密切合作的工作人员。事实上，这些工作人员可能是将你的研究成果传递给政策制定者的最佳途径。

案例：为城市研究所的教育政策研究寻找和建立受众   21

　　2018年初，城市研究所成立了教育政策团队，我们与主要研究人员密切沟通，以了解可以对教育政策研究的洞见采取行动的受众。

　　教育政策的洞见受众群体庞大：地方学校董事会、州级官员、家长、教师、儿童权利倡导者、联邦机构和国会，更不用说学生自己了！基本上，每个人都可能对教育政策感兴趣。但是，我们的研究人员无法触达所有人。相反，我们考虑的是那些最容易接受并且能够最轻松、迅速地将研究成果付诸实践的受众。

　　在预测每种受众类型如何将研究成果付诸实践时，研究团队重点关注三个群体。第一，他们决定与国会工作人员就高等教育问题，特别是学生贷款政策问题进行沟通，因为国会有立法权，并且正在积极讨论这些问题。第二，由于教育政策方面的数据集和分析范围广泛，研究团队亲自与学术研究人员联系，开始利用教育数据资源。第三，研究团队定期参加非营利组织的会议和简报会，这些组织是家长、学生、教师和其他寻找教育政策信息的人们的可靠来源。与这些群体合作有助于教育研究人员在不直接联系全国对教育政策感兴趣的所有人的情况下，触达更广泛的受众。

我们鼓励研究人员尝试对政策制定者进行具体的分类,并制定了下图以帮助组织他们的工作。在图的顶部,我们考虑了美国政府的三个层面:联邦、州和地方。此外,还包括横跨三个层次的协会,例如,全国州长协会和全国城市联盟是州长和市长的联系渠道。 22

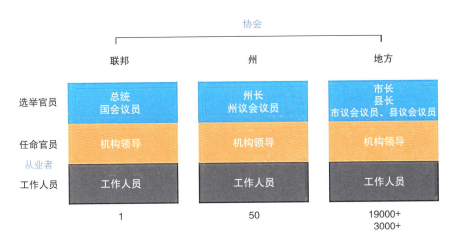

在图的左侧,我们区分了选举和任命官员以及各个办公室的工作人员。选举官员包括总统和国会议员,州长和州议会议员,市长、县长,甚至可能还包括学校董事会成员。选举官员通常对会面感兴趣,特别是如果你是他们的选民时。市长、县长、国会议员等人可能有办公时间,或有工作人员可以帮助你安排简短的会面。大多数选举官员也有公开或已发布的电子邮件地址,你可以直接与官员或至少他们的工作人员联系。

值得注意的是,我们在这里引入了"从业者"这个广泛的术语,以涵盖那些正在运营项目、提供服务和做出日常决策的官员、工作人员和机构领导,他们决定了政策的执行方式。不要低估你与这些重要角色直接沟通所能产生的影响。这些人对具体的政策和方案的了解往往比选举官员更深。这些从业者通常是高级职员和一些任命官员的组合,可以自己实施变革,或说服上级部门进行改革。 23

图中还列出了各类群体的受众规模。美国虽然只有一个联邦政府,但有50个州，3000多个县，以及19000多个市、镇、区和乡村。假设你对儿童福利系统有重要见解或政策建议，虽然你的第一直觉可能是赶下一趟前往华盛顿特区的飞机，与负责联邦儿童福利法的国会委员会谈谈，但与县级领导人取得联系可能会产生更大的影响，因为他们拥有"决定权"，可以在他们的社区更快实现变革。

举个例子，城市研究所住房金融政策中心的研究人员曾向联邦住房和城市发展部（HUD）的联邦秘书做过简报，并与地方住房委员会和城市官员进行了通话（参见本章末的案例研究）。然而，大多数日常的电子邮件和外联活动都是直接由HUD的工作人员或地方住房管理局的执行董事进行的。

寻找政策制定者的联系信息

寻找政策制定者的联系信息并不像你想象的那般困难。你可以查阅州务卿的网站（或者可以查阅电话目录，如果你所在地区有的话）等官方资料，了解官员的姓名和联系方式。你可能想选择名单或组织结构图中的头衔最高者，但花点时间也许可以找到一个与你的研究领域相关的工作人员。我们通常与州政府办公室直接联系，但不总是从州政府机构的负责人着手，相反，我们有时会与首席助理、政策或研究主任合作。这些从业者已经深入了解该领域，可能对该领域的总体情况最了解，并愿意接受新的研究或见解。

与网络和协会合作

要接触大量的州或地方的领导人和决策者可能是一项艰巨的任务。这便是协会可以成为有用的工具的原因。在任何议题领域或政府问题的"垂直"领域，都能找到将类似官员聚集在一起的组织。例如针对巴士、交通运营商和管理人员的美国公共交通协会（American Public Transportation Association），国家城市和县卫生官员协会（National Association of City and County Health Officials），或国家学校董事会协会（National School Boards Association）。

任何会员制或专业协会都可以成为信息和研究的集合中心。通过与工作人员建立联系并找到与他们分享内容的方式，你可以通过他们的官方传播渠道将内容传达给全国各地的会员。协会是一个值得信赖的信息来源，人们会打开他们的电子邮件，阅读他们的文章，也会有很多人参与协会举办的网络研讨会和活动。

此外，还可以考虑一下全国性协会的地方或州分会。例如，大多数州都有一个为城市政府服务的市政联盟，如科罗拉多市政联盟（Colorado Municipal League）或加利福尼亚县福利主任协会（County Welfare Directors Association of California）。从当地人入手，就有机会与工作人员面对面交流，并在面向全国推广之前进一步完善你的信息。

构思受众关系以指导推广工作

与受众建立联系，使其对你的工作产生切实影响需要时间。你需要从长远考虑，为你的专业知识和建议建立起更广泛的知名度。在城市研究所，我们为研究人员提供了一种连续的方式，通过利益相关者映射图来构思和衡量与受众的互动关系（见下文）。

这张图中的横轴代表了你与受众的关系强度。左边是与你的关系较为薄弱甚至没有关系的群体或个人。右边是与你有经常联系的人，他们应用并欣赏你的工作，你可以期望他们将你的工作与更广泛的群体分享。

沿着纵轴，我们绘制出个人或团体的影响力。他们能帮助你接触主要报纸媒体或网站吗？他们是否会将你和特定的政策制定者、组织或工作人员联系起来？又或者，他们可以直接推动某些政策措施吗？

让我们从左上角开始定义这个空间中的四个群体。

25

26

构思你的受众关系

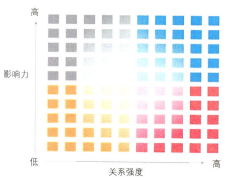

影响力 高 / 低

关系强度 低 / 高

影响力者	关键利益相关者	"粉丝"俱乐部	其他人
提供相关、及时、有用的信息	*通过定期的联系使其持续了解情况并在战略上寻求支持*	*保持其信息通畅、鼓励参与；定期征求支持*	*保持其信息通畅*
直接发送电子邮件、参加活动和传播互动	发送个人邮件、演讲邀请和面对面互动	通过新闻简报、社交媒体和参加活动的方式互动	通过新闻简报和社交媒体使他们了解情况

影响力者。灰色方块中的人有影响力，但他们可能并不了解你，甚至根本不认识你。这些人可能是思想领袖、作者和其他研究人员，他们可以将你的成果传播给更广泛的受众，甚至可能将你的工作付诸实践。影响力者群体可能包括政策制定者、从业者及他们的工作人员，他们可以将你的研究付诸行动。你与这个群体建立的联系越紧密，你的信息传播和产生影响的可能性就越高。

我们鼓励专家充分了解影响力者的背景和兴趣。例如，如果我们有一个大型的数据工具，其中包含支持公共援助接受者的工作信息，我们将向运营反饥饿计划的影响力者发送电子邮件，这与我们向实施职业培训计划的实践者发送的电子邮件略有不同。尽管这两种类型的影响力者都可能对数据工具感兴趣，但他们的知识基础和优先考虑的内容并不相同。

还可以利用社交媒体、博客、新闻媒体和其他传播手段向影响力者介绍自己（参见第五、六、七章）。然而，如果想确保影响力者听到你的观点，直接与他们互动是一个好方法。此外，这些传播手段还能够高度灵活地定制和自定义你的信息，使之与影响力者相关。

　　关键利益相关者。 在右上方蓝色方块中的人，既具有影响力，也了解你和你的工作。这些朋友、现任和前任同事、合作伙伴、资助者和合作者会阅读你的电子邮件，在社交媒体上传播你的信息，分享你的新闻简报，将你视为专家并向记者推荐，甚至可能寻求你的见解。

　　我们的研究人员亲切地称这些关键利益相关者为他们的"蓝色伙伴"（这也正好是城市研究所的主要标志颜色，所以我们都很容易记住）。与"蓝色伙伴"保持良好的关系需要时间和精力。在你的报告发表后，你也许会给阅读过你的研究报告初稿的外部同事发一封贴心的个人感谢信；可能会给关注类似问题的在某组织工作的人打个电话，对他们的帮助表示感谢，并概述该研究与他们的任务之间的关系。如果你主持活动或会议，你可以邀请你的"蓝色伙伴"也来介绍和展示他们的工作，让他们有机会在与你的工作不一致的情况下也能分享工作成果。 27

　　与你的关键利益相关者进行频繁的沟通交流对建立关系非常重要。一旦你有了牢固的关系，就应该对"蓝色伙伴"以及与他们工作场所相关的事情有深入的了解。如果你想扩大这个图的蓝色区域，那么需要与信任你，并向你寻求见解和建议的人建立联系。

　　了解关键利益相关者以及如何帮助他们实现目标，是将你的工作与影响力者群体联系起来的良好做法，毕竟影响力者群体是你最想接触的群体。

　　"粉丝"俱乐部。 那些在右下角的粉红色方块中的人很了解你，欣赏你的工作，并密切关注你，但他们目前可能还没有具有影响力的职位。这些人在社交媒体上关注你，阅读你或者你所在组织的资讯，并参加类似的活动和会议。

　　"粉丝" 是你的网络中的重要组成部分。他们可以提高你的信誉，并帮助传播你的见解——可以把他们看作你的个人品牌大使。确保及时让他们知道你的见解以及关心的重点。当时机成熟时，不要害怕向他们询问是否认识任何可能对你工作感兴趣的人。他们可能会转发你的推文，或转发你的电子邮件。尽管你会通过邮件或网络联系到他们，但对于这类人群，可能并不需要花很多时间来准备一个直接的、面对面的利益相关者式的对话来讨论如何将研究付诸实践。

其他人。图表左下角的黄色方块代表并不认识和了解你的人，他们不一定能直接影响政策或根据你的见解采取行动。

这些人并不真正关注你的工作，也不会引导其他利益相关者注意你的研究，他们自己也不会采取行动。他们可能会在社交媒体或新闻报道中了解到你的工作。他们在你的领域没有任何影响力，尽管他们可能是你试图改变想法的更广泛受众的一部分，但考虑到时间和资源有限，花费大量时间试图通过直接的利益相关者沟通来接触这些受众并不是最实用的方法。

28

案例：受众咨询小组

在城市研究所，一些研究人员建立了由从业者、倡导者和协会组成的咨询小组，他们定期更新正在开展的研究。这些顾问人员不仅有助于提高研究实力，而且一旦研究项目完成，他们通常会在自己的人脉网络中分享研究项目。

有时，非正式的对话也很有效：当我们的一个研究团队在短视频或信息图之间争论不休时，我们向"蓝色伙伴"（即关键利益相关者）征求意见，得到的答复是他们更喜欢可复制的文本，因此我们选择了信息图和报告。我们不仅希望确保研究能够接触受众，而且想要保证他们能够理解并采取行动。

面对面宣传：呈现你的关键研究成果

一旦确定了关键受众，就应该仔细考虑如何向他们介绍你的见解和建议。例如，选举官员、任命官员和从业者对于细节的需求不同，我们在下图中对此进行了概述。例如，选举官员可能对事实、统计数据或故事感兴趣，他们可以快速、

29

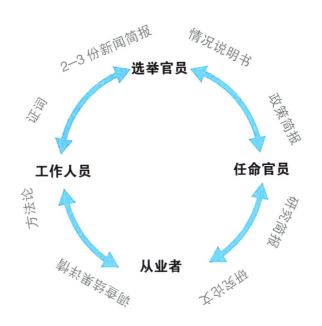

轻松地掌握这些信息，并与同事和选民进行交流。相比之下，从业者可能希望获得完整的研究报告和方法论的细节，以便更充分、全面地了解你的工作方法和意义。

发给选举官员和高级管理人员的会议纪要或简报中，带有摘要和清晰、简明的信息要点的单页简报通常十分有效。考虑在一页纸中添加匹配你的长篇报告或网站的图表、插图或照片，力求在视觉上呈现更多内容（参见第四章）。

如果你与从业者或高级官员的工作人员会面，他们可能会对研究简报甚至长篇幅的研究报告更感兴趣。在某些情况下，他们可能对了解基本方法论或数据感兴趣。与工作人员、从业人员和初级官员合作时，你需要确保你的建议切实可行。提出一个增加数百万美元的计划不会在实际情况中赢得任何从业者的信任，因为他们需要的是用更少的资源为更多人提供服务。要满足他们的需求，也许可以提出一个较小的关键点，或者一个可以实施和完成的建议。通过找到与从业者工作相关的内容并帮助他们更明智地完成工作，逐渐建立起他们对你的信任。

30

当你与选举官员、他们的工作人员和某些思想领袖交谈时，把你的工作和见解与他们的既定优先事项联系起来非常重要。可以从解决方案和对人们生活的影响的角度来阐述你的工作。作为社区选举产生的官员，他们希望自己的决策立意更高："这意味着更多家庭得到了食物"，"这意味着我们的街道更安全"，"这意味着我们将吸引更多企业在我们社区投资"。如果你能够用他们熟悉的语言向官员提供帮助，并展示你的工作如何帮助他们实现他们设定的目标，那么你的研究和建议将更有共鸣，并且更容易付诸实施。

混合搭配沟通方法

制定受众拓展战略分为两步：确定受众对象和确定沟通方式。在本章，我们着重帮助确定目标——那些能够为研究带来最大投资回报的思想领袖、决策者和政策制定者，以及帮助思考与这些目标受众直接联系时需要考虑的问题。

接下来的几章将阐述沟通方式。尽管直接与特定受众接触可以将你的信息直接传递给相关政策制定者，但你应该混合使用各种传播方法来创建一个完整的外联计划（第八章）。向选举官员提供证词或发言之前，考虑一下媒体报道可能会如何引导舆论并提高关注度（第六章）。考虑是否通过社交媒体平台（如推特或脸书）与选举官员或公司CEO进行互动，会比进行会议或拨打难得到的电话更好地接触他们（第七章）。有效的数据可视化可能会吸引政策制定者的工作人员试图深入了解某个问题，从而进行电话联系或对话交谈（第三章）。通过社交媒体和博客更新网络形象——比如总结你的研究和履历，将在你与选举官员会面之前提高你的声誉和可信度（第五章）。

这些计划需要时间和精力。你的研究不会因为最喜欢的记者发了相关推文而立即出现在《纽约时报》的头版上，你也不一定会因为和市议员交谈而被邀请发表证词。但你可以实现这些目标。通过仔细考虑方法和受众，你可以把你的发现传达给你所期待的受众，建立信任，并实现目标——无论是新的报道、新的合作者、更多的资金，还是政策影响力。

本章要点

· 确定受众。最有效的宣传活动需要仔细考虑要接触的人群以及接触方式。

· 缩小重点。试图联系每个人往往导致谁也联系不到。试图找到对你工作有浓厚兴趣的小群体，而不是一大群可能对你的工作视而不见的人。

· 从长计议。与受众建立关系需要时间。花点时间了解你的受众在参与度和影响力方面的情况，然后在此基础上建立关系。

· 满足需求。通过找到与受众相关的内容，并给予他们所需的详细程度的细节（或缺乏细节）来建立你的可信度和声誉。

受众清单的头脑风暴

32

建立受众清单，包括已经建立联系的联络人和利益相关者。考虑最近参加的会议、电子邮件、项目的利益相关者、项目的焦点群体、接触过的倡导者或与你合作的从业者。尽量与不同背景的人联系，并考虑有实际经验的人。

以下几个地方（以美国为重点）可以考虑，以便进行受众头脑风暴。

学术和研究机构

■ 智库研究人员（如城市研究所、皮尤研究中心、兰德公司、布鲁金斯学会）

■ 研究协会的工作人员或会员（如国家福利研究和统计协会）

■ 学者和学术界人士

■ 数据组织（如芝加哥大学全国民意研究中心、人口普查局）

非营利组织

■ 会员组织（如经济分析与研究网络、美国商会、美国医学协会）
■ 倡议团体（如全国低收入住房联盟、全国妇女法律中心、美国退休人员协会）
■ 社区利益相关者（如项目中提到的任何地方的当地组织）
■ 服务提供者（如联合劝募会、社区保健中心、食品银行）
■ 社区活动人士、基层组织和人口倡导者（如MomsRising[1]、全国公平住房联盟、全国启蒙运动协会、儿童保护基金）
■ 慈善机构和慈善事业（如红十字会）

联邦政府和行政部门

■ 内阁级部门（如美国住房和城市发展部、卫生和公共服务部、农业部、教育部、劳工部和司法部）的任命官员、政策制定者或赞助者
■ 独立机构（如美国无家可归者联合委员会、消费者金融保护局、联邦住房金融局）的任命官员或政策制定者
■ 白宫（如经济顾问委员会、管理和预算办公室、国内政策委员会、副总统办公室）的工作人员或被任命人员
■ 白宫倡议机构或内阁级倡议机构（如白宫拉美裔教育卓越倡议、白宫波多黎各问题特别工作组、政府间事务办公室）

---

1 MomsRising（天下母亲），美国的一个妇女倡导组织。

资助者

■ 本项目和以往项目的资助机构的项目官员（如安妮·E. 凯西基金会、福特基金会、W. K. 凯洛格基金会）

■ 社区慈善机构（如东湾社区基金会）

■ 企业家（如比尔和梅琳达·盖茨基金会、陈·扎克伯格倡议）

立法机构

■ 参议员或众议员办公室的职员

■ 国会委员会（如联合税收委员会，参议院卫生、教育、劳工和养老金委员会，众议院财政委员会）的工作人员

■ 国会核心小组（如国会LGBT平等团结组织、国会亚太裔核心小组、众议院饥饿团结小组）的工作人员

■ 国会图书馆、国会预算办公室或政府问责办公室的研究人员

州和地方的选举官员和项目官员

■ 选举官员或公务员协会（如全国州长协会、全国城市联盟）

■ 选举官员（如市长、州长、县长）

■ 选举官员（如市长的办公室主任、市政经理或县行政长官）的工作人员

■ 项目主管或从业人员（如公共住房管理局的项目官员、县福利局局长）

私营部门

■ 顾问和咨询公司（如埃森哲、波士顿咨询集团、德勤）

■ 企业和初创公司（如爱彼迎、来福）

个人受众

- 你所在部门的同事

- 其他部门、机构或大学的同事

- 信托人或董事会的成员

- 社交媒体网络（如脸书、领英、推特）

- 朋友和其他人脉关系

案例研究：针对不同受众的宣传工作

城市研究所住房金融政策中心（HFPC）的主要目标之一是为高层决策者提供新的数据和证据，以帮助他们制定更科学的住房金融政策。他们花费了很多时间和精力，利用不同的平台和技术与不同的受众建立联系。

他们定期联系的受众包括联邦政府分析师和管理人员、国会和政府行政人员、从业人员、资助者和分析员。HFPC 通过直接的电子邮件、定期召开电话会议等方法接触这些受众。每种方法都是针对他们所要接触的受众而特意设计的。

团队中的一位副总裁拥有一份为她量身定做的电子邮件名单，其中包括资助者和其他主要利益相关者。当新的城市相关研究与他们或其组织的需求和利益十分相关时，她会通过个人邮件直接联系这个名单上的人。团队的宣传总监维护着一个更广泛的名单，其中包括200多名合作伙伴联系人决策者和媒体成员，他们会定期收到有关中心工作的最新进展。

每个月，HFPC 的研究人员都会出版一本图表集，其中有 60 多张关于住房金融的表格、图表和图形。其中，大部分信息都可以在公共数据中找到，但研究团队以简单易懂的方式将其进行了梳理。在宣传总监的帮助下，研究人员每季度都会与参与度最高的受众（本章中的"蓝色伙伴"）进行一次电话会议，这些受众包括来自消费者金融保护局、住房和城乡建设部的工作人员，以及许多分析师。

社交媒体也是团队用以提升 HFPC 副总裁声誉的有效途径。当这位备受尊敬的研究员加入城市研究所时，并没有定期与众多决策者保持联系。HFPC 的宣传总监为她建了推特和领英页面，现在她在上面发表简短易懂的帖子，以展现相关的研究和博客文章。这位副总裁现在推特上有超过 4000 个"粉丝"，领英上有 2600 个好友，其中包括参议院工作人员、美国财政部和消费者金融保护局官员、协会和基金会领导人以及资助方。

城市研究所的住房金融团队专注于使用不同的沟通方式与各种决策者和有影响力的受众建立联系，并取得了成效。他们的研究被学术期刊和大众媒体广泛引用，研究人员经常应邀到国会作证，他们还经常与不同联邦机构的工作人员和负责人会面。通过不同的宣传方法，并根据受众有效地调整这些方法，研究人员的工作触达了更多人，并对公共政策产生了直接影响。

第三章
可视化研究介绍

乔纳森·施瓦比什 / 文　韩盈月 / 译

要有目的地选择图表中包含的内容，这样才能最好
地满足读者的需求，传达你想要传达的信息。

案例研究：读者们喜欢吃透那些易于理解的数据可
视化

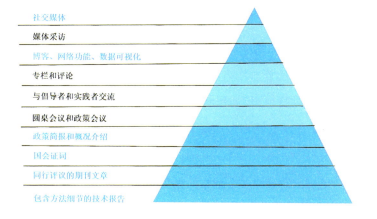

当你对整体方法和目标受众有所了解后，下一步就可以开始考虑通过不同的视觉、文本、媒体和社交媒体渠道来传播成果。本章我们从优化数据可视化开始。长期以来，分析师一直都将图表和图示视作一种分析工具，直到最近才开始关注如何更好地将数据可视化。

许多学者、研究人员和分析师在分享自己的研究时通常并不重视可视化，这并不奇怪，他们在绘制可视化图表时只考虑了自己对于数据的认识和分析，但当需要将研究对外进行汇报展示或编撰成为报告时，才发现这些可视化图表是匆忙拼凑起来的，没有仔细考虑受众的阅读需求，比如忽略了受众对专业内容甚至是图表类型的理解程度。

　　本章主要内容为准确高效地进行数据可视化的基础知识。介绍如何以视觉方式去呈现研究结果，让读者能够直接关注研究内容，无需浪费时间理解其中的可视化形式。

　　处理数据时，不要把可视化过程留到最后。首先，考虑清楚研究内容是否真的需要图表：许多作者在报告中添加图表只是为了视觉效果。任何图表的添加都应当具有意义，它应该帮助作者强调提出的论点或描述的故事。就像你不会在回归模型中加入无关变量，也不会在书面文本中添加不必要的词语，可视化也是同样的道理。其次，记住读者可能是第一次看到你的内容，所以请考虑内容和可视化图表类型是否需要注释。比如在学术期刊中你可能会使用散点图，但这一类图表并不适合供州政策制定者参阅。

　　一张有效的图表应该利用大脑的"前注意视觉加工"[1]。因为我们的眼睛只能捕捉到有限的视觉特征，比如形状或对比度，我们可以很容易地将这些特征结合起来，并无意识地将它感知为一幅图像。与"注意加工"相反——有意识的知觉让我们可以连续性地感知事物——前注意加工是平行处理，速度更快。前注意加工让读者能够同时感知多个基本的视觉元素。

　　举个简单例子，请数出下列集合中数字3出现的次数：

12695485236123356987458245

01240369857020695568312781

24398620124781369982173256

39

---

　　1 前注意加工（preattentive processing）是发生在我们有意识地处理之前的一种自动认知过程，它反映了大脑对刺激的无意识的、自动的加工。

现在用下面两组集合数出数字3出现的次数：

1269548523612356987458245　　1269548523612356987458245
0124036985702069568312781　　0124036985702069568312781
2439862012478136982173256　　2439862012478136982173256

这些集合中的3更容易找到，因为它们使用了不同的前注意属性[1]进行编码，左边使用了黑体字加阴影，右边采用了彩色加粗体字。

这种处理方式同样适用于图表。在左侧折线图中的**预测区域**周围添加灰框（一种围边式前注意属性）能够将你的注意力吸引到图表的右侧；右侧散点图中的**位置和颜色**属性则有助于将你的注意力吸引到右边的圆圈。

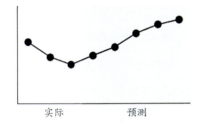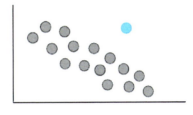

实际　　　　　预测

在可视化图形中，颜色、形状、边框、线宽等前注意属性的添加和删减可以让读者对于可视化中的重点要素一目了然。

40

形状　　围边　　加粗线条　　色彩饱和度　　颜色　　位置

大小　　标记　　方向　　长度　　曲度　　三维效果

---

1 前注意属性（preattentive attributes）：指那些能够引起前注意加工的属性，包括颜色、形状、大小、位置、亮度、方向、方形与圆形等。

以下三项基本原则对制作更加直观、有效的图表非常有用。

第一，展示数据。图表是为了让读者更好地理解你的论点或假设。数据是图表最核心的内容，应该以最清晰的方式呈现。但这并不意味着展示所有数据——事实上，很多失败的可视化图表正是因为展示了太多数据，没有重点，让读者不得要领。

第二，减少杂乱。图表混杂，或者使用非必要、过于繁复的视觉效果都会影响可视化结果，例如：深色网格线或加粗网格线；多余的刻度线、标签或文字；不必要的图标或图片；阴影效果或渐变效果；不需要的尺寸维度。可视化通常会用到纹理或填充渐变、数据标记、三维透视等效果，这些效果可能会模糊数据，使得图表中的参数难以辨认。

第三，整合图文。可以使用标签、直接标题和注释来帮助读者理解图表蕴含的观点。一个简单的方法：不使用图例——图例通常离图表较远——直接用线段、条形或点去标记重点内容，这样读者更容易理解。另一个简单方法：图表名要简洁明了、直接表达观点，不能冗余、缺乏描述性，让读者快速理解可视化的内容和目的。

总的来说，这三大原则体现出一个观点，即在大多数情况下，可视化应该让读者轻松、便捷地获取你希望传达的信息。通过化繁为简、回归数据本身，恰当地使用前注意属性，你的可视化图表可以更清晰有效地传递信息。在可视化中有的放矢地选择包含的内容，从而为你的读者和信息提供最好的服务。41

时刻牢记，研究报告、文章甚至是口头演示（详见下一章）中的图表都是为了服务受众，而不是服务作者自己。作者在研究数据时绘制的默认格式（带有网格线、刻度标记、颜色）的折线图很可能难以吸引观众眼球或不够具有启发性。

原则运用案例

　　这些基本原则可以应用到任何图表上。下图是美国4个城市8年来的房价中位数折线图。我按照常见的默认格式绘制了这幅折线图,可以看出图表的观赏性较弱,因为代表博尔德市的年份标签、右下角的方框图例和旋转的坐标轴标题使得图表不够清晰。

图5　2010年至2018年房价中位数

　　首先,我们可以减少纵轴上坐标单位的数字位数,并将其水平旋转,同时减42
少标签和网格线的数量。

图5　2010年至2018年房价中位数

　　我们还可以删除掉横轴上2010年之前和2018年之后的空白部分，使得横轴范围缩小到有数据的2010年至2018年，并且将横坐标标签角度设置为水平横排。（我还删掉了垂直轴线，这主要取决于个人的样式选择，原图中它是一个视觉锚点，我想让图片变得简约一点，所以我把它删掉了）。

　　下一步，删除图例和博尔德市折线上的数据。不用图例，我们可以直接在线段上标记对应的城市名称并移除数据标记。此外，还可以修改图表颜色，增加特色，使图表区别于Microsoft Excel的默认配色方案绘制的其他图表。

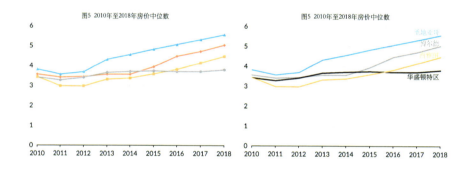

　　最后，让我们重新命名图表，使标题更直接，明确告诉读者他们应该从图表中获取什么信息。我们还可以在副标题标注纵轴标签，让其水平对齐，更利于读者阅读。此外，我们还可以采用不同的数据视角：例如像右图一样，显示百分比变化——注意最后的数据点注明了线条所指的城市标签。

形式和功能

可视化数据的核心之一是考虑受众需求。有些受众想要了解你的分析细节，例如包含了标准误差和t值等的回归分析结果；而有些受众只希望得到简短的摘要。一些受众喜欢听故事，而有些受众希望能够访问和分析你的数据。考虑一下你的核心受众是谁，然后针对他们的需求去创建可视化数据。

分析受众需求后，利用数据可视化的不同形式和功能，制作受众需要的可视化成果。下图的竖轴表明了两种可视化基本形式之间的关系。静态可视化一次性提供所有信息，不可选择或移动，比如纸质图表就是典型的静态可视化。而交互可视化允许用户自行选择他们想要查看的信息，比如在计算机或手机上需要浏览、点击的视觉效果就很可能是交互可视化。动态可视化则介于静态可视化和交互可视化之间，给予用户一定的自主权限，但不一定允许用户操作数据去创建其他结果——比如，用户可以控制电影和在线幻灯片的播放速度，但不能改变电影或幻灯片的内容。 44

而横轴表明了可视化的两种**基本功能**。诠释性可视化强调结论，揭示关键发现，并有助于论点、假设的揭示或故事的讲述。探索性可视化注重用户与数据集

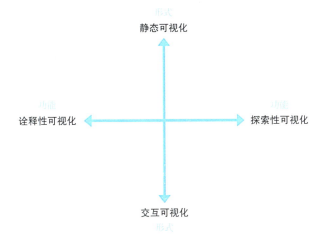

或主题内容的交互，让用户在交互过程中得出结论。探索性可视化通常是开放性讨论，一般不会是单一的叙述或揭示作者结论的见解。

研究人员通常处于静态解释性图表的世界中，他们的可视化内容往往强调上下文中的某一叙述观点，比如标准折线图、条形图或饼图。信息图表——一种更全面的可视化形式，通常结合了文本、图形、图片和图标——通常也属于这个类别。

静态的探索性图表能够鼓励读者得到自己的结论。以准确工作室（Accurat Studio）的作品《诺贝尔奖得主，没有学位》（*Nobels, no degrees*）为例，第49页的图为完整版放大图。作者没有告诉你具体故事或信息，而是希望你自己从图表中探索数据并得出自己的结论。

交互可视化受欢迎的原因是它给用户独立思考并得到新的结论的空间，它也鼓励用户基于这些发现，去提出更具说服力的创新性观点。也许最简单的诠释性交互图形类型是顶部有交互式悬停或滚动图层的静态图表，例如第50页顶部世界银行发布的简单折线图。探索性交互可视化［例如第50页底部的经济合作与发展组织（OECD）发布的美好生活指数图表］用图形呈现了完整的数据集，让用户能够基于数据集发现有趣的故事。

形式-功能坐标轴中的每个轴都可以视作一个模块。可视化成果可以同时满足四个象限的特征，在表明作者的目标、假设和结论时，还让读者（或用户）能够自行探索数据。可视化类型没有高低之分，真正"合适"的可视化类型都有一个共性，即其最终目标是满足读者需求，并向他们清晰有效地传递信息。

选择图表

差劲的图表无法有效地传达信息，或者更糟糕的是，可能会传达错误信息。当然，线条粗细、排列顺序或坐标轴标签样式等因素则是作者的主观选择。调色

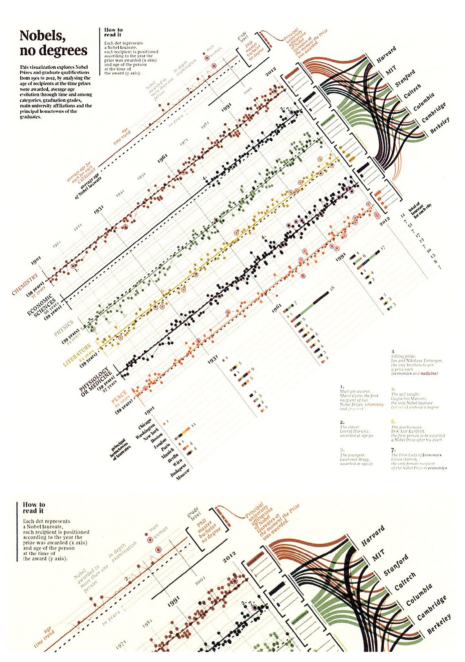

来源：经准确工作室（Accurat Studios）授权转载。

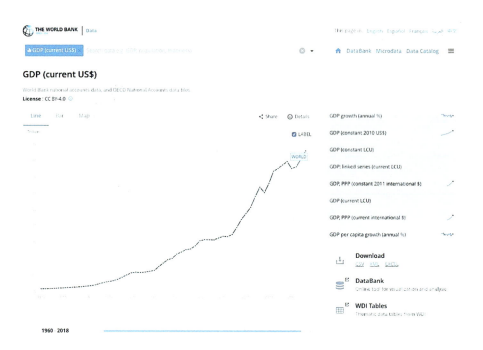

来源：世界银行。

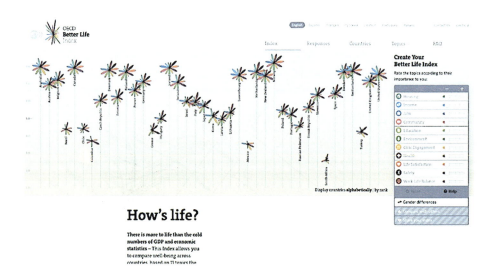

来源：经济合作与发展组织。

板的选择跟字体选择一样，也是主观的，但应该遵循基本原则以提高传达信息的效率。而其他选择，例如省略复杂多余的功能装饰，客观上也可以更好地传达信息。

合理选择多种图表类型可以避免无效可视化。你可能知道如何浏览、创建标准图表，比如折线图、条形图和饼图。除了标准图表，还有很多类型的图表可供选择，有时这些图表能够更好地展示你的数据，此外，利用这些图表有时可以创建出新颖的、吸引人的图表类型，这本身也是我们想要做到的事。

让我们通过例子来加以说明。下页六张图都是基于同一组数据绘制而成，但是每张图强调和比较的内容都不同。对于**选项A的饼图**，你可能会关注部分与整体的关系，即每个扇形在饼图中的比例。对于**选项B的柱状图**，你可能更倾向于比较同一选项的两组数据，比如两组数据中"反对"的占比大幅下降，"非常支持"的占比明显上升；但不太方便进行一组数据之间的比较。 48

对于**选项C的发散条形图**——"反对"和"支持"两种类别沿同一条垂直基线排列，并背向扩展，你可能会关注整个支持和反对类别的比较，而不是单一数据。对于**选项D的斜率图**——纵轴上的点分别代表2016年1月和2017年1月的数据，通过点的一一对应体现差异，强调数据随着时间的变化趋势，忽略了部分和整体的关系（相较饼图而言）。

对于**选项E的堆积条形图**，你能够了解部分与整体的关系，但由于并没有沿公共轴对齐，所以难以比较每个选项之间的关系。对于**选项F的华夫饼图**，你可能认为它在视觉上更加吸引人，但不利于比较两组数据的具体选项类别。

不同种类的图表都有其优缺点，并且每种图表都有最佳表达范式（例如，柱状图的纵轴应该从零开始）。图表类型的选择取决于你想要向读者强调的数据关系。比如，如果你想让读者精确比较单项数据之间的关系，那么柱状图是首选；如果你想要图表更加有趣美观，并让读者能够进行总体比较，那么华夫饼图更佳。

学习数据可视化的人经常问的一个问题是："我的数据最适合哪种图表类型？"客观而言，这个问题并没有明确的答案，因为图表类型和数据类型之间没有一一对应的关系。例如，条形图既适用于显示数据在一段时间内的变化趋势，也可以用来比较不同类别之间的差异。更好的问题是："基于我特定的目的和受众需求，我的数据最适合哪种类型的图表？"一旦你开始针对这些更具体的问题进行研究，你将能够更好地选择最适合你的数据和目标的图表类型。

49

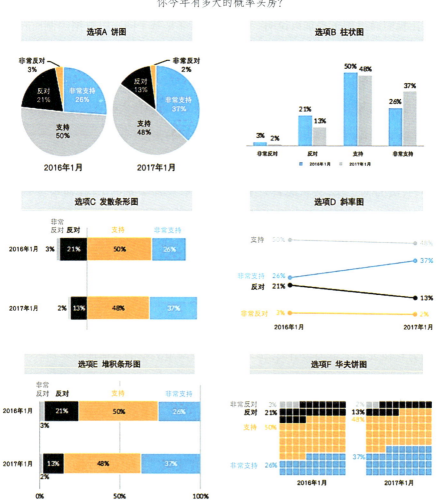

你今年有多大的概率买房？

活跃图表 50

本节介绍三种主要方法激活你的图表，有助于你的读者得出结论、提炼范式或有所发现。

1. **活跃标题**。你的图表标题可以向读者传达主要结论或论点。因此尽可能地添加副标题，副标题可以为读者提供额外的背景信息或叙述内容。

请参考下图中由皮尤研究中心绘制的折线图的简单的活跃标题。在学术期刊中，该图名可能是"图4 1950—2016年男女劳动力参与率"。尽管这个标题是正确的，但是它不能帮助读者更好地理解图表中的内容。活跃标题能够把作者的观点直接传达给读者。

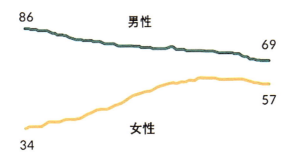

女性劳动力参与率上升，男性劳动力参与率下降

16 岁及以上人口的劳动力参与率(%)

注:劳动力参与率是正在工作或寻找工作的男女性占比。

数据来源:美国劳工统计局历史数据。

"美国在性别平等问题上的巨大党派分歧"

皮尤研究中心

来源:皮尤研究中心。

　　2. 添加注释。在绘制图表时，许多作者隐含的意图是："都在这儿了，你自   51
己去弄清楚吧。"但事实上，绘图者应该帮助读者更好地理解图表的内容或者数
据。添加注释有助于读者掌握可视化的重点，甚至还能够帮助读者了解如何正确
地阅读图表。请记住，如果你仔细考虑了受众，就会意识到有些人能够快速轻松
地理解如何阅读你的图表，但其他人则不行。

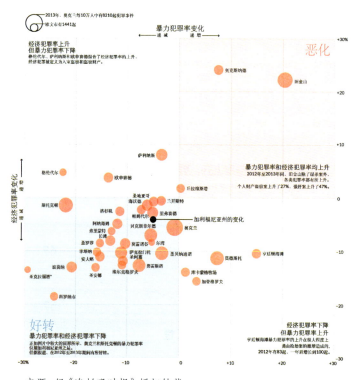

来源：经《洛杉矶时报》授权转载。

　　例如，上面的气泡图是《洛杉矶时报》于2013年发布的，作者在图中展示了加   52
利福尼亚州约35个城市的暴力犯罪率变化（横轴）和经济犯罪率变化（纵轴）之
间的关系。由于大多数《洛杉矶时报》的读者可能不熟悉这种图表类型，因此作
者添加了一些重要的注释来帮助读者理解，其将右上角的象限背景涂成红色，用
红字标明"恶化"；将左下角的象限背景涂成蓝色，用蓝字标明"好转"两字。因

此，即使是从未见过气泡图的读者也知道右上角的城市犯罪率正在增加，左下角的城市犯罪率得到较好的控制。每个象限还用黑体字添加了一个简短的标题和简要分析。该图的注释告诉了读者如何阅读图表以及如何从图表中获得信息。

3. 从灰色开始。在工作中，我经常从简到繁地绘制图表，从灰色开始逐步完善图表。这种实用方法可以让我有策略性和目的性地思考，希望读者从可视化图片中获得什么信息。

在几年前的一个研究项目中，我研究了新英格兰地区六个州中，由于被诊断有精神障碍（如发育障碍、情绪障碍或精神分裂症）而获得美国社会保障残疾保险计划保障的人口比例情况。如果仅仅展示这六个州的数据，就无法体现出它们在全美范围内的占比较高，因此我展示了全国的数据。

首先，我基于Microsoft Excel中的基本默认设置生成了下面的折线图，它显示了美国每个州的"保障率"（每个州18岁到65岁的人群获得保障的百分比）。如图所示，随着时间的增加，该比例呈现总体上升的趋势。如果你非常仔细地观察，也许能区分出代表每个州的线条（假如我给了你一个包含50个州的超大图例）。

53

2001 年至 2015 年新英格兰各州精神疾病的社会保障 残疾保险保障率迅速上升

（百分比）

数据来源：美国社会保障局2002—2016年公开数据。

读者虽然能看到马萨诸塞州、罗得岛和其他新英格兰州的比例高于全国其他地区，但并不清晰明了。

一旦我将所有线段设置为灰色，如下图所示，即使提供了图例，你也无法区分每个州代表的线段、难以识别单一数据，也无法知悉我（在活跃标题中）试图传达的观点。

但是，当所有线段都是灰色的时候，我可以开始添加颜色、形状、标记或其他属性去突出最重要的数据。本图中，我想强调的是新英格兰地区的六组数据（以及全国平均比例的数据），因而我只给这些线段进行了着色和标记。

这种"从灰色开始"的方法迫使你去思考你的图表到底想传达什么信息、达到何种目的。并不是一定要把图表调成灰色，你也可以想象一下如果所有元素都只有一个颜色会是什么效果，以及你要做什么才能够表达你的观点。然后你就可以添加相关的视觉元素，有目的地引导读者的注意力。   54

2001 年至 2015 年新英格兰各州精神疾病的社会保障残疾保险保障率迅速上升
（百分比）

数据来源：美国社会保障局2002—2016年公开数据。

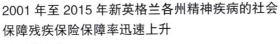

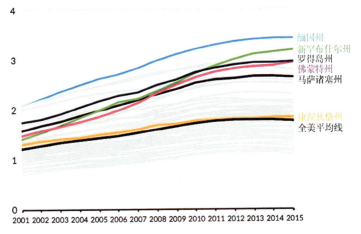

数据来源：美国社会保障局2002—2016年公开数据。

替代图表类型

大多数处理数据的人很熟悉基本图表类型，如折线图、柱状图和饼图。其他图表类型并不太常见，可能是因为相比于基本图表，它们在许多标准软件程序（如Microsoft Excel）中的运用需要更多的技巧。使用非标准图表不是因为它们比基础图表高级，而是因为有的数据用不同的方式呈现能更加吸引读者或有利于读者抓住在别的图表类型中忽视的数据规律。图表种类多元丰富，这里介绍四种我认为非常有用的图表类型（本章末尾"数据可视化推荐书目"中列举了其他可视化资源）。

散点图。在散点图中，点沿着指定两个或多个值的轴放置。一个轴代表类别，可以对其进行排序或分类，但其高度一般与数值无关；另一个轴代表数值。这些点通常由线段或箭头连接。散点图能够较好地代替柱状图和条形图，因为它既能展示数值又能展示数据的变化。

接下来两个图表展示了2017年美国20个州的国家教育进步评估中的数学测试成绩。共有两组分数，一组是未经调整的原始分数，另一组是根据人口统计差异（如种族、特殊教育接受情况和英语学习者身份）进行调整的分数。本页的条形图看起来杂乱无章，很难看出每个州的整体排名以及各州之间的差异，而下页简洁明了的散点图能够轻松呈现这两种内容。该散点图以调整后的数值为准进行排序，此外它也可以以未调整的数据、两数据之间的差值或其他方式进行排序。（值得一提的是，条形图的横坐标从零开始，因为在该类图表中我们用来感知数值的前注意属性是条形的长度。相对的，在散点图中，横坐标从最低值开始，因为我们通过点与点之间的相对位置感知数值。）

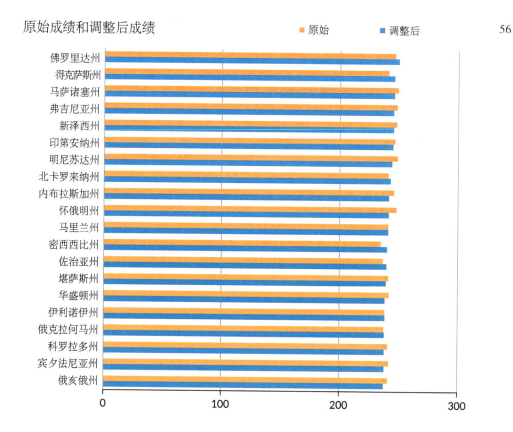

原始成绩和调整后成绩   ■ 原始   ■ 调整后   56

原始成绩和调整后成绩

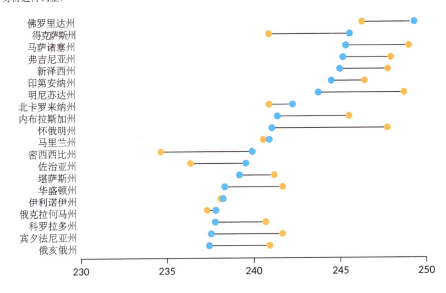

2017年第4次数学测试成绩（按照年龄、种族或族裔、特殊教育接受情况、贫困情况和英语学习者身份进行调整）

来源：城市研究所，《美国年级手册：你的州表现如何？》（*America's Gradebook: How Does Your state Stack Up?*），2018年。

　　热力图。热力图使用一系列的颜色或阴影来表示数值的差异。较深的颜色对 57
应较高的数值，较浅的颜色对应较低的数值。热力图在反映大量或高频数据时格
外有效。热力图最常用于作者想可视化数据中的普遍模式或趋势，并且读者并不
需要知晓具体数值时。下图中，左侧是展示了车祸事故死亡人数的日历式热力图，
可以看出，每月图表的右边的蓝色阴影较深，代表周末的交通事故死亡率较高。
右侧的折线图展示了同样的数据，其中星期六的数据用深蓝色圆圈强调了出来。
不同类型的图表展示同组数据，热力图呈现了更好的可视化效果。尽管热力图是
一种非标准的图表类型，但是它比折线图更能吸引你的注意。更重要的是，它更
利于展示数据规律。

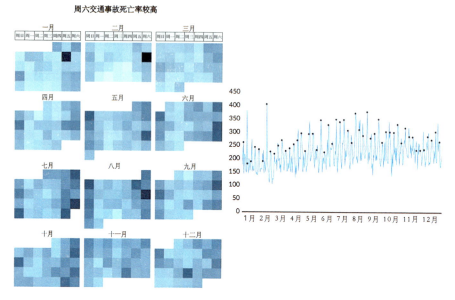

数据来源：美国国家公路交通安全管理局。
日历排版的灵感来自Nathan Yau at FlowingData.com.

　　瓦片地图。瓦片地图忽视每个地理单元的实际大小，将其统一划分为同等大小的形状（例如正方形或六边形）。传统的分级地图（Choropleth map）的缺点在于，用颜色表示地理单元的数值时，数据的重要性和地理空间可能不一一对应。例如，在美国选举中，怀俄明州有3张选举投票，康涅狄格州有7张，但前者的面积比后者大17倍以上。瓦片地图让每个地理单元大小一致，有助于克服这种失真。但另一方面，人们更加熟悉传统的分级地图，能够轻松识别我们生活和工作的地方，这是瓦片地图很难媲美的。以美国各州失业率为例，同等大小的方块代表每个州，方块蓝色深浅代表数据高低。

58

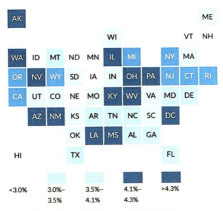

2018年美国有8个州的失业率低于3%

数据来源：美国劳工统计局。

华夫饼图。华夫饼图由一组整齐的正方形组成，一般用10x10的网格代表百分比。通常华夫饼图用正方形展示，但也可以用圆形、三角形或其他图形。这4张华夫饼图显示了2018年3月黑人男性、黑人女性、白人男性和白人女性的劳动力参与率。每一个方块代表一个百分点；蓝色和黄色代表数值（图表标题同样体现了数值），灰色方块填补剩余空间。

59

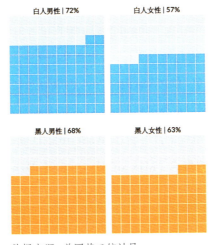

数据来源：美国劳工统计局。

数据可视化工具

你可能已经注意到，在本章中我没有提到如何制作图表，或者何为最佳的可视化工具。有很多软件工具可以实现数据可视化，例如拖放工具：Microsoft Excel和Tableau，编程语言：JavaScript、Python和R语言。"最佳"可视化工具完全取决于你（和你的团队）的工作流程和可视化水平，以及你需要实现的效果。简单的、静态的图表可能最适合使用Excel这样的拖放工具，而更复杂的、交互性的图表则可能需要用JavaScript或其他基于JavaScript的工具构建。

截至本章撰写之时，以下是最受欢迎的和常用的工具（这个列表并没有包含所有的可视化工具）。

拖放式制图工具（Drag-and-Drop）。用户可以通过相对简单的操作界面，用这些工具创建图表，用户可以插入、设计图表，创建表格，甚至可以实现交互式可视化。拖放工具的优势在于用户可以简单快速地创建高质量的可视化图表。不过即使你可以"黑掉"背景图表引擎，但是受限于工具的菜单和功能，你也只能在一定程度上使用这些工具。例如Microsoft Excel和PowerBI、Tableau以及在线平台Infogram。

编程语言（Programming Languages）。编程语言为用户提供了无限的灵活性，几乎没有限制，但是比起拖放工具，要求更高的学习成本。传统的统计分析软件配备了基本的图表引擎，例如Stata和SAS。Python和R语言等其他编程语言具有一些统计分析要素，同时配置了复杂的（且不断更新的）数据可视化功能。创建交互式可视化最常用的编程语言可能是JavaScript的D3库。

拖放和编程语言的集合（Mix of Drag-and-Drop and Programming Languages）。一些工具兼具拖放界面和编程的功能。例如，Excel和Tableau支持后台编程，你可以用其拓展可视化功能（Excel中的Visual Basic for Applications和Tableau中的计算字段）。其他工具则通常建构在JavaScript的基础上，无需

60

编程或只用少量编程就能创建交互式可视化成果。DataWrapper, Flourish, HighCharts, Lyra, Plotly和RAW都是包含拖放工具和某些编程语言的可视化工具。

映射工具（Mappping Tools）。将地理空间数据可视化通常极具挑战，因 61 为好的映射软件通常价值不菲、难以上手或者功能过于简化。再次强调，像R语言和D3这样的编程语言能给用户极大的灵活性，然而像ESRI和Mapbox这样的专业映射工具能够实现更多的功能。此外，Excel和PowerBI、Tableau和GoogleSheets等电子表格程序都可以用来创建基本映射。

调色工具（Color Tools）。为可视化成果或设计项目选择颜色也是一项艰巨的任务，特别是当你没有设计背景时。大量在线（且免费）的颜色选择工具可以帮助你设计一个单色或全色系的调色板。Adobe的调色工具较为主流且容易上手，它可以让你基于标准色环创建整个调色板。其他调色工具的工作原理也基本类似，例如Color Brewer、ColourLovers、Colrd和Paletton。

总结

如果研究人员、学者和从业者希望他们的工作能够被读者快速准确地理解，那么展示方式非常重要。有效的数据可视化可以展示数据以突出重要研究成果，减少数据冗余以避免读者关注点偏移，将文本和图表结合起来以有效传达信息。随着基础软件程序使用灵活性的增强，学者和分析师花在学习和思考可视化演示上的时间和精力越来越少。

为了创建优秀、有效的可视化成果，你需要仔细考虑受众的需求——能够帮助他们了解你的想法和论点的数据、事实和成文的叙述。考虑他们使用的可视化界面——静态还是交互式。将你的数据、模型和行文的深度和精度与可读性极强的可视化结合起来。

本章要点　　　　　　　　　　　　　　　　　　62

·永远把受众的需求放在首位。学术期刊文章上的可视化与展示给政策制定者或记者的可视化截然不同。

·仔细、有目的地利用颜色、线条、标记等视觉元素来吸引读者的注意力。

·利用简洁有力的标题和恰到好处的注释来激活你的图表。

·不要重复使用同样的图表。使用不同类型的图表可能有助于揭示数据中的有趣规律或见解。

数据可视化推荐书目

如果你想学习更多关于数据可视化的知识，以下推荐书目能够帮助你深入本章讨论的主题。

阿尔贝托·开罗（Alberto Cairo）著有两本专门关于数据可视化的书：《功能艺术》（*The Functional Art*）和《真实的艺术》（*The Truthful Art*），他的另一本著作《图表的谎言》（*How Charts Lie*）是关于公众如何成为更加明智的图表读者的。开罗是一位新闻学教授，所以他的书主要侧重于如何为面向大众讲述故事而创建数据可视化。这些书概述了数据、数据可视化、入门统计学和如何创建可视化。

若热·卡蒙伊斯（Jorge Camões），他的著作《数据应用之道》（*Data at Work*）涵盖了广泛的数据可视化原则和策略，从视觉感知规则到设计注意事项再到数据准备和可视化的创建。

63

斯蒂芬·菲尤（Stephen Few），著有多本关于数据可视化的书。他的《数字的真相》（*Show Me the Numbers*）和《简明的数量分析数据可视化技巧》（*Now You See It: Simple Visualization Techniques for Quantitative Analysis*）全面概述了如何有计划且高效地呈现数据。

安迪·柯克（Andy Kirk）著有两本关于数据可视化的书籍。他的最新著作《数据可视化：数据驱动设计手册》（*Data Visualisation: A Handbook for Data Driven Design*）概述了一个构思和开发数据可视化的系统，以及一个帮助读者做出清晰有效的可视化的设计选择过程。

科尔·努斯鲍默·纳福利克（Cole Nussbaumer Knaflic），她的《用数据讲故事》（*Story telling with Data*）一书和同名博客介绍了数据可视化以及如何将文本与图表搭配起来讲述有效、引人入胜的故事。

克劳斯·威尔克（Claus Wilke），他的《数据可视化基础》（*Fundamentals of Data Visualization*）深入探讨了一些非标准的图表类型，并展示了基本数据可视化的最佳实践案例。

黄慧敏（Dona Wong），她的《信息图表指南》（*Guide to Information Graphics*）一书单独介绍了特定的图表类型、如何以及为何选择最适合数据的图表、交流数据的最佳方法，以及不同图表中应该包含和不包含的内容。

案例研究：读者们喜欢吃透那些易于理解的数据可视化

当研究人员考虑创建数据可视化时，他们有时会因为认为可视化需要具有大量花里胡哨和交互性的精致功能而却步。但是，数据可视化不是复杂才有效。事实上，城市研究所最受关注的专题之一只运用了一些最简单基础的图表。

当城市研究所的研究人员注意到财富分配不均成为热点新闻时，他们希望抓住机会吸引人们的关注。他们决定创建一个可视化产品来说明为什么财富分配不均在过去的 50 年中并未得到改善。

由此产生的专题——《九张图表看清美国贫富不均的真相》（*Nine Charts About Wealth Inequality in America*）——通过通俗易懂的叙述和 9 张简单的图表展示了城市研究所的研究成果。每张图表都提出一个观点，并且用简短有力的标题进行强调，使读者更容易理解图表传达的观点。其中一张图表制作了灯光动画，但其他大多数图表的交互性有限，而且只在需要强调某个观点时才有。总的来说，该图表没有杂乱的元素，易于理解，再加上题材的时效性，所以这个专题大受欢迎。

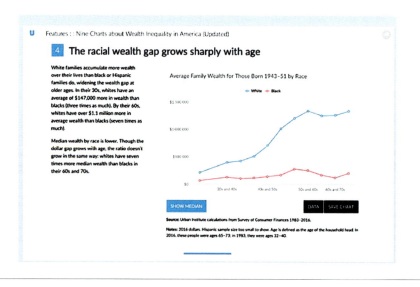

把简洁放在首位非常有效。该专题报道已经获得了数十万的点击量,并被多家媒体引用。2017 年,研究人员获得资助以更新图表,因此他们可以继续基于最新的数据和证据进行研究,帮助建立基于财富分配不均的对话基础。

《九张图表看清美国贫富不均的真相》的成功表明,数据可视化并不需要复杂就能讲述研究的故事。有时动态或交互可视化能够更好地呈现某个故事,但即使是静态的图表也可以是有力的表达工具。只要加一点创意,你就可以轻松实现数据可视化,它还可能成为你最受欢迎的项目。

65

第四章
更好的讲演：更具效率的演讲

乔纳森·施瓦比什/文　江子辰　李刚/译

讲演与书面报告是完全不同的交流形式。

案例研究：用故事的力量来传播信息

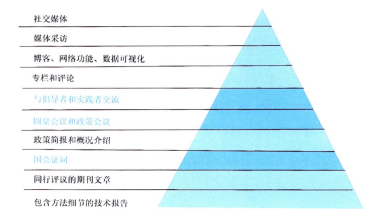

67

　　当被要求向听众展示工作时，许多研究人员遵循一种熟悉的模式：首先，打开PPT。接着，在幻灯片上添加文本——可能是新文本，但更可能是从书面报告中粘贴来的。然后，复制粘贴图片或表格——通常也直接来自报告。最后，制作一张总结性的幻灯片，上面写着"有什么问题吗"或"谢谢！"，保存文件，并认为自己已经为展示做好了准备。

　　有一种更好的方式来展示你的研究。不管是与同事的午餐会，抑或是15分钟的会议讲演，又或者是在数百人面前的主题演讲，都是如此。首先你要意识到，

68

演讲不是面向演讲者的，而是关于听众的。一旦意识到演讲的主要目的是让听众相信你的想法、假设和结论，你就可以思考如何更有效地让他们相信你。

讲演和书面报告是完全不同的交流形式。当读者坐下来阅读我们的报告时，她可以按照自己的节奏阅读，做笔记，标记重点，并详细研究表格、图表或公式。然而，如果作为讲演听众中的一员，她会被你的节奏和展示信息的方式所束缚。

向以听众为中心的讲演转变有三大驱动原则。

首先，将内容可视化。我们的眼睛和大脑共同工作的方式使我们能够更好地通过图片而不是仅仅通过文字来理解和记住信息（这被称为"图片优势效应"）。无数的研究测试了人们是如何回忆单词、类别和文本的，以及他们回忆的速度和准确度。回想一下第三章中的"前注意加工"概念，其中使用颜色、位置和线宽等属性有助于吸引对图像特定区域的注意力。讲演文稿也是如此。作为一个讲演者，你可以运用图片的力量来制作设计精美的幻灯片和获取更好的数据可视化，帮助听众记住并更好地理解你所说的内容。

其次，统一讲演的元素。这意味着在颜色和字体的使用上，在幻灯片的布局和格式上，以及在将你所说的内容与在屏幕上所显示的内容相结合上，都要保持一致。幻灯片设计不是为了"简化"你的讲演或者以"流行"的名义牺牲内容，而是使用颜色、图像和布局来帮助组织信息，帮助听众更好地理解你的工作方式。如果随意插入一张带有不同颜色、不同字体、不同语气或感觉的幻灯片，会扰乱讲演的流程，从而扰乱信息的流畅性和听众理解内容的能力。你的讲演幻灯片是为了支持你，而非取代你。

最后，将听众的注意力集中在你的论点上。这一原则是最为重要的。与其在每张幻灯片上尽可能多地展示信息（许多讲演者都会这样做，因为这很容易，而且可以提醒他们涵盖每个要点），不如保持我们的幻灯片简单而不杂乱，这样你可以随时引导观众的注意力。你可以通过帮助听众关注某个特定点来增加他们识别和回忆的信息量，无论是文本、数据、图像还是口头信息。

这三大原则——可视化、统一化和集中化——都旨在帮助听众快速、轻松地获取信息。通过设计高质量的幻灯片，并将我们的话语与这些视觉效果相结合，有助于帮助听众专注于真正重要的东西——你的内容和信息，而不是让他们浪费精力和注意力来试图解读屏幕上的内容以及它与你想要表达的内容之间的关系。

规划我们的讲演

每次讲演都应该从仔细的、战略性的规划开始。你希望通过讲演达到什么目的？你希望人们资助你的研究吗？你希望他们在工作中使用你的想法吗？你希望他们为你提供更多的数据访问权限吗？你想进一步推动这个领域的发展吗？在进行有效的讲演之前，需要知道我们为什么要讲演，以及你希望人们利用这些信息来干什么。

研究人员经常对"推销"他们自己或他们的工作的想法而犹豫不决：我们不是设计师，也不是销售人员——我们是研究人员！

但是，请记住，当你向听众展示你的研究时，实际上就是在推销你的工作——你的想法和假设是正确的，你的数据被合理使用，你的方法是可靠的。因此，请将你的讲演看作让听众"买入"你想法的机会。

首先，不要只是打开电脑，启动PPT或你最喜欢的讲演软件工具，然后开始打字。相反，首先要考虑你想向听众传达什么信息，以及如何传达。换句话说，在开始制作讲演文稿前规划和概述你想通过讲演完成的内容和讲演需要呈现的内容。如果你在会议上有15分钟时间，或者在资助者面前有5分钟时间来展示50页报告的结果，你应该马上就意识到，不是所有的东西都适合被展示。最重要的几点是什么？哪些内容有助于说服听众相信你的想法？

70

讲演工作表

以下由10个问题组成的工作表可以帮助你在开始制作演示文稿之前对其进行规划。这份工作表将引导你了解讲演文稿的各个部分和重要元素。

1. 你要进行什么类型的讲演？

□ 小型会议　　　　　　□ 主题演讲

□ 部门或会议研讨会　　□ 研讨会

□ 课堂讲座　　　　　　□ 其他

□ 推销/融资需求

根据活动和场地调整讲演文稿的风格、外观和信息。在20人参加的部门午餐会上，你可以关注具体的细节和方法，但在几百人面前做主题演讲时，可能更适合专注于要点和关键信息。 71

2. 谁是你的听众？

□ 工作伙伴或同事　　　□ 学生

□ 经理　　　　　　　　□ 各种人都有

□ 科学家/专业技术人员　□ 其他

□ 销售和营销人员

与第一个问题一样，这个问题鼓励你仔细思考你的讲演如何使你的观众受益。在向同事展示时，与向决策者、资助方或学生演示时，你可能会关注不同的事情。你使用的语言也会有区别：对于一个群体来说，技术术语和缩写可能有效，但对另一个群体来说可能不行。

3. 你讲演的标题信息是什么？

我在这里给自己留了一个句子的空间——把这个想法归结为其核心要点。在《史蒂夫·乔布斯的讲演秘密》（*The Presentation Secrets of Steve Jobs*）一书中，作者卡迈恩·加洛（Carmine Gallo）将具体、易记、简洁的标题称之为"推特式"

的标题，听众可以很容易地记住并乐于分享它们。这并不是"把事情简单化"，而是找到你的工作中最重要的部分。

4. 你希望听众对你的结论做些什么？

在进行讲演时，要同时考虑到你的观众和你的主要目标。你希望听众如何运用你的工作和研究结果？你希望他们采纳你的结果并将其付诸实践吗？使用你的数据？为你的工作提供更多资金支持？你可能不需要在讲演中明确说明你的目标，但是具体考虑目标可以帮助你构建一个更有效、更有针对性的讲演。

5. 拟定你的开场白。

72

你没有太多时间来抓住并保持听众的注意力。不要以"谢谢邀请"或"很高兴来到这里"这样的客套话来开始讲演，而是从你的主要观点和这个观点的重要性开始。通过谈论为什么你的工作是重要的、为什么他们应该关心等内容来立刻吸引听众。

6. 拟定你的结束语。

讲演的开场和结尾是听众注意力最集中的时候，所以要认真对待这些时刻。结束语是你总结讲演中最重要的观点且强调你希望每个人都能明白的信息的机会。

7. 概述讲演的各个部分。

1.

2.

3.

4.

5.

这里留出了五个部分的空间。你需要的可能更少，但要避免过多，因为太多会让听众很难跟上你。你可以将这些部分视为"章节标题"，就像章节标题一样，每个部分都应该围绕一个特定的想法和观点。

8. 你能讲述什么故事?

与观众建立联系并吸引他们的另一种方法是将你的工作与相关的故事联系起来。基于我们的天性，我们被吸引到故事的叙事结构中，而这些故事可以通过让观众更容易与你产生共鸣并记住你的内容来增加他们的注意力。

9. 图像(搜索前先画草图或进行描述)

　　□ 图形和图表

　　□ 图片、插图和图标

　　□ 视频

你可能从自己的书面报告或其他地方获得了数据驱动型图形和图表，但需要对它们进行修改以满足讲演的要求。人们在书面报告中与图表互动的方式与在讲演中有很大不同。当涉及图片、插图、图标和视频时，如果能明确知道自己需要什么，将有助于你找到相关的有用图像。不要让网络告诉你什么形象最适合"教育孩子"；相反，考虑一下你认为哪些图片最适合你的内容，然后去寻找它们。通过勾勒和描述你自己对要使用的图像的想法，你可以掌控你的视觉效果，而不是由互联网搜索引擎来决定。本章末尾的设计资源框中列出了一些本书作者喜欢的图片网站。

10. 预期问答

　　(1)问：

　　　　答：

　　(2)问：

　　　　答：

考虑可能会问到的问题，并精心准备答案。工作表中留出了两个问题的空间，但显然你应该准备好回答更多的问题。你可能已经意识到工作的不足之处，或者在你的15分钟讲演中需要省略的内容。也许你是在向特定的听众(资助者、媒体或决策者)进行讲演，并且可以预见的是，这些利益相关者可能会有其他的

73

74

顾虑。

　　完成工作表，并在必要时扩展各个部分，将为你的讲演提供路线图。然后，你可以开始填补空白，并构思如何在你的讲演文稿上用叙事的方式展示作品。

设计幻灯片

　　既然你已经列好框架并准备好想放入幻灯片的内容，是时候开始设计它们了。这个想法并不是让你自己成为一名设计师，而是学习一些好的幻灯片设计的基本内容，比如颜色、字体和布局，并将它们整合到讲演中。本章的目标是向你展示为什么应该创建更有效的幻灯片，以及如何以更简单快捷的方式做到这一点。有关如何在幻灯片中运用好的设计技术的更多资源，请参见本章末尾的讲演书籍部分。

　　幻灯片主要有五类：文本、数据可视化、表格、图像和支架式幻灯片。下面是改进这些幻灯片类型标准版本的方法。

文本幻灯片：使用较少的文本

　　许多人将他们的报告或期刊文章转换为讲演文稿的方式是从书面文件中复制并粘贴：主题句成为要点，图表被复制到幻灯片上。简单快捷，一切就绪！然而，当幻灯片上包含太多文字时，讲演者就容易忽略以听众为中心的讲述方法，从而达不到优秀讲演者的标准。

　　你的每张幻灯片都应该有一个特定的目标。这会使听众把注意力集中在最重要的观点上，而不是被不同的数字、主题或文本分散注意力。当你向听众展示一张充斥着密密麻麻的文字和要点的幻灯片时，他们会倾向于去阅读它们，而不再把注意力放在你的讲演上。

75

改进文本幻灯片的一个简单方法是将它们分成多张幻灯片；这是一种非常有效的方式，可以鼓励你的听众关注要点。我称之为分层方法——总的原则是把每个点（目标）都独立出来。最后，你会回到原始的幻灯片，但你已经让听众的注意力集中，这样他们就可以快速阅读并重新将注意力转回到你身上。例如，这张幻灯片可以分成四张幻灯片，当你论述完之后，每一个要点都会变成灰色（如下图所示）。

政策挑战

- 重新调整政策组合
  - 疲软的全球经济增长和财政整顿正在给前景带来压力
  - 货币政策负担过重
  - 系统性金融风险依然存在
- 加强生产率增长
  - 糟糕的基础设施状况阻碍了生产率的提高
  - 商业活力和企业家精神已经减弱
  - 在位者获得了更大的市场力量
- 减少不平等
  - 缩小男女工资差距
  - 为所有种族和民族的人提供机会
- 让增长更具包容性和可持续性
  - 贫困家庭的孩子没有机会比他们的父母做得更好
  - 女性的机会将进一步增多，但速度可以更快
  - 减少社会和种族不平等
  - 帮助失业工人变得越来越重要
  - 满足 COP21 碳排放目标

来源：根据经济合作与发展组织幻灯片制作的原始幻灯片。

也许让你的文本幻灯片更直观一些会更好。尝试将文本密集的幻灯片转换成图表。或者删除文本段落，并将其放入演讲者的注释中（使用幻灯片软件中的演讲者注释功能，或者写出来放在面前）。通过减少展示的文本数量，使听众更关注你而不是你的幻灯片。

76

政策挑战
- 重新调整政策组合
  - 疲软的全球经济增长和财政整顿正在给前景带来压力
  - 货币政策负担过重
  - 系统性金融风险依然存在

政策挑战
- 疲软的全球经济增长和财政整顿正在给前景带来压力
  - 货币政策负担过重
  - 系统性金融风险依然存在
- 加强生产率增长
  - 糟糕的基础设施状况阻碍了生产率的提高
  - 商业活力和企业家精神已经减弱
  - 在位者获得了更大的市场力量

政策挑战
- 重新调整政策组合
  - 疲软的全球经济增长和财政整顿正在给前景带来压力
  - 货币政策负担过重
  - 系统性金融风险依然存在
- 加强生产率增长
  - 糟糕的基础设施状况阻碍了生产率的提高
  - 商业活力和企业家精神已经减弱
  - 在位者获得了更大的市场力量
- 减少不平等
  - 缩小男女工资差距
  - 为所有种族和民族的人提供机会

政策挑战
- 重新调整政策组合
  - 疲软的全球经济增长和财政整顿正在给前景带来压力
  - 货币政策负担过重
  - 系统性金融风险依然存在
- 加强生产率增长
  - 糟糕的基础设施状况阻碍了生产率的提高
  - 商业活力和企业家精神已经减弱
  - 在位者获得了更大的市场力量
- 减少不平等
  - 缩小男女工资差距
  - 为所有种族和民族的人提供机会
- 让增长更具包容性和可持续性
  - 贫困家庭的孩子没有机会比他们的父母做得更好
  - 女性的机会将进一步增多，但速度可以更快
  - 减少社会和种族不平等
  - 帮助失业工人变得越来越重要
  - 满足COP21碳排放目标

分层方法示例

政策挑战
- 重新调整政策组合
  - 疲软的全球经济增长和财政整顿正在给前景带来压力
  - 货币政策负担过重
  - 系统性金融风险依然存在
- 加强生产率增长
  - 糟糕的基础设施状况阻碍了生产率的提高
  - 商业活力和企业家精神已经减弱
  - 在位者获得了更大的市场力量
- 减少不平等
  - 缩小男女工资差距
  - 为所有种族和民族的人提供机会
- 让增长更具包容性和可持续性
  - 贫困家庭的孩子没有机会比他们的父母做得更好
  - 女性的机会将进一步增多，但速度可以更快
  - 减少社会和种族不平等
  - 帮助失业工人变得越来越重要
  - 满足COP21碳排放目标

政策挑战
重新调整政策组合
加强生产率增长
减少不平等
使增长更具包容性和可持续性

77

来源：根据经济合作与发展组织幻灯片制作的原始幻灯片。

　　为了证明这一点，我可能会通过减少文本的数量来重新制作经合组织的这张幻灯片。可以保留四个主要点，去掉13个次要点。如果讲演者做了准备和练习，就不需要所有的文字。

　　有了四个主要点，现在可以重新设计幻灯片了。我把标题放大，并把项目符号文本放在一个2×2的矩阵中。我可以通过把标题变得更大、改变字体并把它放在一个橙色的横框里来增加一些设计效果。

接下来，我会运用可视化的原则，在幻灯片上添加一些图标。我从网站下载　78
了图标并把它们放在用PPT画的圆圈里。在右边这张PPT里，我还添加了一个微
妙的灰色背景渐变，这并非完全必要，但如果我在一个小而暗的房间里讲演，白
色背景会显得很刺眼，现在这样可以使幻灯片看起来更加柔和。

如果我在一个大房间里或者想要一个更加精致的外观，我可以使用深色背
景，并将文字颜色从黑色改为白色。我还可以用一张照片替换简单的黑色背景，
并添加深色色调，以便文字和图标仍然可见。

数据可视化幻灯片：制作好的图表

和许多演讲者一样，很多人在讲演中展示的图表和图形过于详细或复杂。请
记住，听众会被你的节奏和内容所束缚；如果他们从未见过这些信息，或者从未
见以这种方式呈现过，他们需要时间来吸收和理解你的呈现方式。

数据可视化章节展示了一些更优质、更有效的可视化基本原则。该章中的三
个指导原则——展示数据、减少杂乱、整合图形和文本——仍然适用于讲演文
稿。但请记住，讲演文稿是一种与书面文档完全不同的沟通形式。因此，在屏幕
上展示时，可能需要对在报告或期刊文章中起作用的密集、复杂的图表进行改
变、简化或编辑。

与文本一样，你也可以对数据可视化进行分层。以前一章中位数房价的简单
折线图为例（左图）。在讲演文稿中，数据可视化对听众来说可能很难理解——
就像文本一样，他们越花时间来解读幻灯片中的内容，就越难以集中注意力听你
的讲解。请注意，在右边的幻灯片版本中，我将所有文本进行了放大，并删除了标
题中的"图5"这一信息——这些简单的变化表明，我正在思考这张图在投影时
的呈现效果，而不是在报告中的阅读效果。

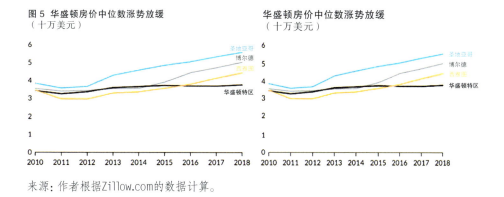

图5 华盛顿房价中位数涨势放缓
（十万美元）

华盛顿房价中位数涨势放缓
（十万美元）

来源：作者根据Zillow.com的数据计算。

　　有几种方法可以使数据可视化幻灯片对听众来说更容易理解。你可以将每条
线（或条形或点）进行分层，将观众的注意力集中在每个元素上，逐步添加到最
终的图表中。

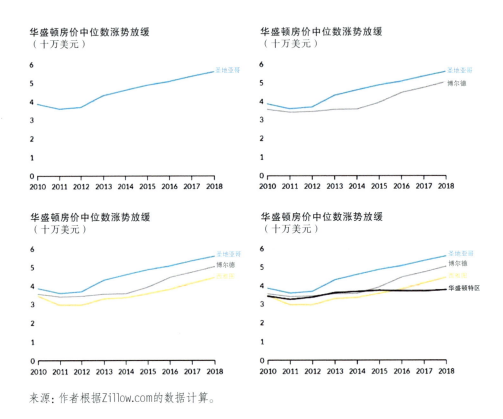

来源：作者根据Zillow.com的数据计算。

　　或者，你可以使用单张幻灯片，突出显示最重要的数据系列，弱化其他数据
系列——使用灰色（回想一下前一章中的"从灰色开始"部分）通常是一种有效、
简单的策略，灰色可以将各种元素淡化到背景中。

来源：作者根据Zillow.com的数据计算。

在展示新的图表类型或特别复杂的图表时，你可以先只展示坐标轴，描述如何阅读图表，然后在下一张幻灯片或一组幻灯片上逐步展示数据，就像下面的示例一样。你的同事听众可能非常熟悉气泡图，但不太熟悉图表或内容的听众可能需要更长时间才能理解你所展示的内容。

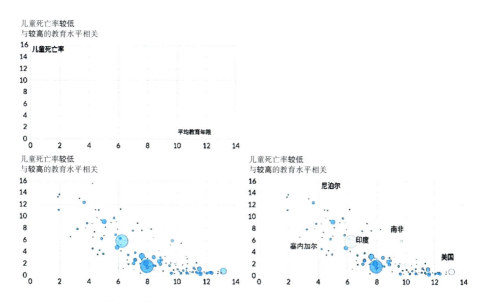

来源：作者根据《我们的数据世界》（*Our Wold in Data*）中的数据进行计算。

表格幻灯片：简化

正如许多讲演者将报告中的文本和图表复制粘贴到幻灯片中一样，许多人也会对表格做同样的操作。这么做可能更加棘手，因为许多表格包含大量信息，包括回归系数、标准误差、星号、注释、列和行标题以及子标题等等。同样，你的听众将试图解读附录表1中的内容，但前提是他们能看得清楚。在讲演中最糟糕的事情之一就是说："我知道你们看不懂这个，但是……"

分层技术在这里不起作用。文本仍然太小，因此逐行或逐列显示不会对在房间后面的人有所帮助。更好的办法是完全重新考虑表格的设计。考虑一下哪些数字最重要，并能集中听众的注意力。例如，如果你正在分享一组回归结果，一些看法可能就不是论点的核心——比如说，月度虚拟变量可能在数学上很重要，但对你试图强调的关系不一定重要。就像整个讲演的标题一样，找出对应结果的标题信息，然后决定如何最好地呈现这些数字。剩下的留给提问或者你的报告。

或者，你也可以尝试通过将表格结果转换成图形或其他可视化形式来展示。根据你想要涵盖的细节，可以对幻灯片应用分层技术，先显示第一个模型的四个估计值，然后显示第二个模型的估计值，以此类推。

一些研究人员会避免在报告中使用照片、插图或图标，因为他们认为这样会削弱报告内容的严肃性。然而，图像在演讲中可以起到重要作用，因为当你所说的话与图像结合在一起时，听众可以比单独面对图像时记住并学到更多［这被称为图片优势效应，并得到了艾伦·派维奥（Alan Paivio）、约翰·斯威勒（John Sweller）和理查德·梅耶（Richard Mayer）等研究人员对认知负荷理论和不同学习原则的研究的支持］。

表 6　回归结果　　　　　　　　　　　　　　　　　　　　　　83

	1	2	3	4
性别	1.067	1.067	1.049	1.044
	(0.201)**	(0.250)**	(0.214)**	(0.281)**
年龄	0.982	0.982	1.039	0.988
	(0.300)**	(0.320)**	(0.383)**	(0.312)**
年龄^2	1.000	1.000	1.000	1.001
	(0.000)**	(0.000)**	(0.000)**	(0.000)**
已婚	0.983	0.983	0.987	0.987
	(0.001)**	(0.001)**	(0.001)**	(0.001)**
种族	1.006	0.997	1.005	1.006
	(0.002)**	(0.002)+	(0.002)**	(0.002)**
平均收入	0.978	0.979	0.914	0.911
	(0.051)**	(0.083)**	(0.123)**	(0.181)**
人均国内生产总值	1.195	1.199	1.096	1.106
	(0.024)**	(0.024)**	(0.022)**	(0.022)**
低于高中	1.613	1.609	1.477	1.493
	(0.023)**	(0.023)**	(0.021)**	(0.021)**
高中毕业生	1.325	1.327	1.176	1.166
	(0.037)**	(0.037)**	(0.032)**	(0.031)**
大学	1.448	1.451	1.368	1.368
	(0.032)**	(0.032)**	(0.029)**	(0.029)**
拥有住房	1.191	1.187	1.104	1.112
	(0.016)**	(0.016)**	(0.015)**	(0.015)**
全职工作	0.96	0.957	0.914	0.924
	(0.016)*	(0.016)**	(0.015)**	(0.015)**
东部地区	3.651	3.645	3.174	3.161
	(0.196)**	(0.196)**	(0.158)**	(0.156)**
西部地区	1.651	1.649	1.504	1.514
	(0.040)**	(0.040)**	(0.036)**	(0.036)**
南部地区	1.229	1.225	1.216	1.225
	(0.031)**	(0.031)**	(0.030)**	(0.030)**
年份虚拟变量^c	否	否	是	是
年龄虚拟变量	否	否	否	是
观测次数	37678	37678	36640	36080

回归结果：性别、年龄和收入都是正数，并具有统计学意义

	1	2	3	4
性别	1.067	1.067	1.049	1.044
	(0.201)**	(0.250)**	(0.214)**	(0.281)**
年龄	0.982	0.982	1.039	0.988
	(0.300)**	(0.320)**	(0.383)**	(0.312)**
平均收入	0.978	0.979	0.914	0.911
	(0.051)**	(0.083)**	(0.123)**	(0.181)**
观测次数	37678	37678	36640	36080

回归结果：性别、年龄和收入都是正数，并具有统计学意义

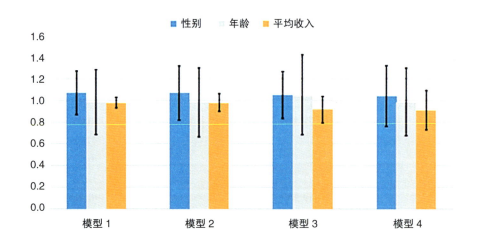

图片幻灯片：使用质量好、体积大的图片

　　一般来说，要充分利用你的整个幻灯片空间，而不是使用默认的图像大小。最大化图像以填充整张幻灯片将使听众更容易看到它们，同时减少不必要的空白区域。对于多个图像，同样适用这一策略：将它们与文本排列在一起和统一，填满整个空间，而不是随意将它们放置在幻灯片上。

Photos (clockwise from top-left) by Bill Wegener. Peter Hershey. Matt Hoffman. NeONBRAND on Unsplash.

　　许多网站提供高质量的照片、插图和图标，而且通常是免费的（请参考本章末尾的设计资源框）。没有必要使用过时的剪贴画、不良库存图像、拉伸或扭曲的图片。花点时间考虑哪张图片最有助于表达你的内容，并找到高质量的图片来支持它。

　　你还可以使用图标使幻灯片更具吸引力和记忆性。图标可以简单替代项目符号（回顾之前提到的经济合作与发展组织幻灯片），或者作为整个演示的视觉锚点。例如，你可以用一个房子的图标来介绍一个话题，并在整个演讲中都使用它。

支架幻灯片：围绕内容建立框架

　　在你的讲演中，还有最后一组幻灯片可供使用：当你从一个部分过渡到另一个部分时，支架幻灯片有助于引导和集中听众的注意力，并帮助他们理解重点。

有五种不同的支架幻灯片可供使用：介绍讲演文稿的标题幻灯片和议程幻灯片、将讲演文稿分成几个部分的页眉幻灯片、将注意力引回到我们身上的过渡幻灯片以及结束讲演文稿的总结幻灯片。

　　标题幻灯片。你的标题幻灯片——可能是人们进入房间并入座时播放时间最长的一张——可以帮助你设定演讲的基调。利用这个机会强调你打算做一个实际的、引人入胜的、令人愉悦的讲演，与会者会从中获得有价值的内容。除了简单地将讲演标题、你的姓名和联系方式放在空白幻灯片上，是否可以加入补充图片来帮助强化你的内容？减少幻灯片上不必要的文本——电话号码、地址、日期——用更令人难忘的内容开始你的讲演。

Photo by Marcelo Leal on Unsplash.

　　议程幻灯片。你对于如何传达信息准备得越充分，听众就越容易理解。议程幻灯片可以提供这样的路线图，但并非每个议程幻灯片都能有效地做到这一点，也不是每个讲演文稿都需要它。不要在15分钟的会议陈述中花3分钟谈论你将要讲述的内容；直接进入正题。说一下你将要讲什么并没有什么坏处，但并非你说的每句话都需要放在幻灯片上。

　　页眉幻灯片。如果你在本章开始时使用了讲演工作表，那么你的讲演文稿已经被分成了几个部分。当你进行讲演时，你可以在每一部分的开头和结尾为听众提供路标，以帮助他们理解你的论点。我称这些为"页眉"幻灯片，因为它们可以帮助听众了解你讲演的方向。

87

Photo by Ludovic Charlet on Unsplash.

　　过渡幻灯片。过渡幻灯片就是上面没有信息的幻灯片。它可以是黑色、白色、蓝色，任何颜色都可以；它的目的是让你的听众休息一下，好让他们重新集中注意力到你身上。

　　总结幻灯片。很多总结幻灯片仅由一两个简单的词组成："有什么问题吗？"或者"谢谢！"这其实是浪费了一个机会；你通常可以口头感谢听众，但是幻灯片空间应该用来强化你的结论。你已经在工作表中构建了一个简明、活泼的标题，所以将其放在最后一张幻灯片上。你希望人们离开时，脑海中最深刻的是你的结论陈述。

Photo by Katie Moum on Unsplash.

进行讲演

在参加所在组织、部门或领域的会议上的许多讲演时，你可能已经看过了相当多的糟糕讲演：文字过载的幻灯片、糟糕的图表、模糊的照片，面对屏幕并不断说"嗯"的讲演者。换句话说，一场出色的讲演，门槛被设定得很低。如果你能运用本章介绍的一些技巧，你的讲演将比大多数同行展示工作时有明显的改进。

要做一个精彩的讲演，你能做的最重要的事情之一就是练习。不断练习。继续练习。你可以在一小时内练习四次15分钟的会议讲演。练习得越多，你对内容就越熟悉，这将最终减少对许多文本和要点的需求。练习会让你摆脱在幻灯片上放入大量文本的自然倾向。

当你练习时，不要坐在桌前机械地点击幻灯片，嘟哝着你打算说的话。关掉手机，关闭邮箱，关上门。站起来，使用幻灯片播放器，大声练习你的讲演。在练习过程中，你会发现陈述不连贯或者概念不清晰的地方。你可能会发现，原本计划15分钟的论述花了45分钟。

当站在听众面前时，尽量保持自信和热情。紧张是可以理解的——即使是有经验的讲演者也会紧张——但是如果你的紧张或不适非常明显，就会被听众察觉出来。如果你对自己的讲演内容不感兴趣，听众就没有理由对你的内容感兴趣。有很多方法可以缓解焦虑和紧张感：尝试锻炼、冥想或深呼吸。提前到场也很有帮助。这样，你可以准备好计算机、笔记以及其他材料和技术设备。我发现准备一份需要随身携带的技术清单和其他物品的清单很有价值，这就是为什么我在本章末尾创建了一个讲演者用品清单。

总结

当你在准备下一次讲演时，不要急着去到电脑前，启动讲演软件，然后开始打字。相反，仔细思考你的信息和你想如何进行分享，然后相应地规划你的论述。

89

你放在幻灯片上的所有东西都应该有其目的。尝试遵循以下指导原则：

·将你的内容可视化，无论是统计数据的密集表格还是帮助你从一个部分过渡到另一个部分的标题幻灯片。如果以可视化的方式呈现你的内容，你的观众更容易识别和记住你的内容。

·将所说的与所展示的内容保持一致。在幻灯片设计和讲演风格上保持一致。这样做将减少观众在你从一张幻灯片切换到下一张幻灯片或从一个部分切换到另一部分时所花费的心力。其结果是，观众花更多时间与你、你的内容和你的信息进行互动。

·将听众的注意力集中在你希望他们记住的每个观点、每个数字和每个事实上。你不需要一次性把所有的内容都呈现给他们。通过将他们的注意力集中在你想要的地方，从而来控制他们看到的内容和看到的时机。

与你写下来并发表在杂志、报告或博客上的内容相比，讲演是一种完全不同的沟通交流方式。带领你的听众一起踏上你的讲演之旅，这样他们会记住你和你的讲演，并根据你传达的内容采取行动。

90

本章要点

·做一个以听众为中心的讲演者，而不是以自己为中心的演讲者。考虑你的讲演文稿如何能够帮助听众，并在做出设计和讲演决策时考虑听众。

·规划并练习你的讲演。你在书面项目上花费数周或数月，你应该花几个小时在讲演上。

·强调你最重要的发现，确保听众关注它们；不要把报告中的所有内容都放在讲演中。记住，讲演是一种完全不同的交流形式。

·简化你的幻灯片，并使其更直观；听众更容易记住和回忆更多的视觉信息。

讲演书籍

迈克尔·艾利（Michael Alley）。在《科学讲演的技巧》（*The Craft of Scientific Presentations*）一书中，艾利提出了一种科学讲演的特定方法，并列举了来自心理学、神经科学和教育领域的大量科学依据来支持他的方法。

马特·卡特（Matt Carter）。作为少数几本关于这个主题的专业书籍之一，卡特的《设计科学讲演》（*Designing Science Presentations*）就如何以各种模式展示科学信息提供了很好的见解。

南希·杜瓦特（Nancy Duarte）。杜瓦特著有多本有关讲演技巧和设计的书籍，包括《幻灯片:学科》（*Slide:ology*）、《共鸣》（*Resonate*）和《数据故事》（*Data Story*），她的作品是讲演领域的现代经典。她的作品主要关注如何制作更好的幻灯片和进行更好的讲演。

卡迈恩·加洛。加洛在《史蒂夫·乔布斯的讲演秘密》（*The Presentation Secrets of Steve Jobs*）一书中剖析了苹果公司联合创始人的讲演。他展示了乔布斯的方法和设计如何有效地展示信息，并描述了如何应用它们来改进你的工作。在《像TED[1]一样演讲》（*Talk Like TED*）中，加洛对数百次成功的TED演讲的策略进行了分析。他的最新著作《讲故事者的秘密》（*The Storyteller's Secret*）涵盖了商业领袖和演讲者的讲故事策略。

加尔·雷纳德（Garr Reynolds）。现代经典《演说之禅》（*Presentation Zen*）、《演说之禅:设计》（*Presentation Zen: Design*）和《赤裸的演讲者》（*The Naked Presenter*）的作者，雷纳德的书专注于基本的讲演技巧和设

91

---

1 TED全称为"技术、娱乐、设计"（Technology, Entertainment, Design），TED演讲指的是由美国非营利组织TED举办的一系列演讲。

计。他提倡简洁、清晰的幻灯片，这种幻灯片可以更有效地展示带有前后示例的信息。

乔纳森·施瓦比什。我自己的书《更好的讲演：研究人员、学者和书呆子指南》（*Better Presentations: A Guide for Researchers, Scholars, and Wonks*）是为学术或数据密集型内容的讲演者设计的。它详细说明了开发清晰、复杂、视觉上吸引人的讲演文稿的基本策略，并更详细地介绍了本章的信息。

艾柯·斯温福德（Echo Swinford）和**朱莉·特拜格**（Julie Terberg）。他们的《构建PPT模板》（*Building PowerPoint Templates*）可能是在PPT中创建主题和模板的最佳书籍。它教会你用一致的品牌和设计来构建讲演文稿，这些讲演文稿可以在合作者之间或整个组织内共享。

罗宾·威廉姆斯（Robin Williams）。作为《非设计师的设计书》（*The Non-Designer's Design Book*）一书的作者，威廉姆斯为那些需要介绍颜色、字体、布局和设计其他方面的人提供了一个完美的读本。

设计资源

92

下面是一些免费和付费资源的建议，帮助你找到好的照片、图标和字体。这些资源和网站总是在变化，新的工具和网站也在不断涌现。

图片

iStockPhoto等。互联网上有众多付费照片网站，每个网站都有不同的订阅和购买选项。请注意，有些网站可能针对不同的用途有不同的许可协议（例如，在书中使用还是在博客文章中使用）。

Flickr Creative Commons。这是一个拥有全球数百万用户的照片发布和分享网站。默认情况下，Creative Commons上的许多照片都可以免费使用。这是一个可在全球范围内共享和授权创意内容的非营利组织。

Unsplash。你在Unsplash上找到的图片可以免费用于个人和商业用途，如果你没有购买照片的预算，那这是个很好的资源。其他提供完全免费图片的网站有Pexels、Pixabay、Gratisography和Little Visuals。

图标

Iconmnstr。这个网站有3000多个高质量的图标，全部免费使用，无需注明归属。

Noun Project。这是一个设计师的在线社区，他们将自己的图标捐赠给图书馆。有不同的下载和购买选项。只要注明设计者你就可以免费下载，或者你也可以花不到5美元来购买图标。

PowerPoint。PowerPoint的最新版本包括一个内置的图标库，你可以直接在幻灯片中插入和编辑这些图标。

字体

Font Squirrel。这个网站中有些字体是免费的，有些可以进行购买。该网站向你展示了一个系列中的所有不同字体（例如，常规、粗体和细字体），清楚说明许可情况，并解释如何下载文件。

Google Fonts。这个谷歌提供的简约网站拥有数百种免费字体，你可以通过简单的搜索和下拉菜单浏览这些字体。谷歌字体可能是你寻找免费字体的最佳选择。谷歌还允许你输入自己的文本，以测试它在讲演文稿中的显示效果。

93

讲演工作表　　　　　　　　　　　　　　　　　　　　94

讲演标题

1. 你要进行什么类型的讲演？

　□ 小型会议

　□ 部门或会议研讨会

　□ 课堂讲座

　□ 推销/融资需求

　□ 主题演讲

　□ 研讨会

　□ 其他

2. 谁是你的听众？

　□ 工作伙伴或同事

　□ 经理

　□ 科学家/专业技术人员

　□ 销售和营销人员

　□ 学生

　□ 各种人都有

　□ 其他

3. 你讲演的标题信息是什么？

4. 你希望听众对你的结论做些什么？

5. 拟定你的开场白。

6. 拟定你的结束语。

7. 概述讲演的各个部分。　　　　　　　　　　　　　　　　95
　　（1）
　　（2）
　　（3）
　　（4）
　　（5）

8. 你能讲述什么故事？

9. 图像（搜索前先画草图或进行描述）
　　□ 图形和图表
　　□ 图片、插图和图标
　　□ 视频

10. 预期问答
　　（1）问：

　　　　答：
　　（2）问：

　　　　答：

讲演文稿准备清单　　　　　　　　　　　96

主办方安排的事项

☐ 听众类型和目标

☐ 听众人数

☐ 往返地点的交通

☐ 开始和结束时间

☐ 音频/视频要求

☐ 休息和用餐的时间和频率

☐ 任何需要考虑的文化事件（如祷告时间）

☐ 谁在介绍，介绍多长时间

☐ 网络研讨会平台

☐ 共享幻灯片和字体

☐ 预期问答的时间

装备

☐ 电脑、充电器和延长线

☐ 投影仪适配器和延长线

☐ 讲演遥控器

☐ 电池

☐ 便携式扬声器

☐ 带讲演备份的USB驱动器

☐ 干擦记号笔或粉笔

☐ 食物、水、喉含片等

☐ 麦克风（如果主办方不提供）

提示

☐ 使手机处于关闭或静音状态

☐ 从口袋中取出不必要的物品（如钥匙）

☐ 调试好麦克风

☐ 检查衣服和头发

☐ 放松、呼吸或冥想

案例研究：用故事的力量来传播信息	97

通过讲述数据如何改变三个不发达社区的生活，城市研究所的研究人员能够为新受众生动地展示他们的工作成果。

"承诺街区"(Promise Neighborhoods)是一个受到哈莱姆儿童区(Harlem Children's Zone)启发而提出的联邦倡议，致力于通过支持从出生到上大学的儿童来终结贫困代际循环。城市研究所的研究人员为全国各地的"承诺街区"受资助者提供数据收集方面的技术援助。该倡议依靠数据来指导每个站点的干预措施，这是"承诺街区"区别于以前许多反贫困倡议的地方，同时也是确保儿童和家庭获得量身定制的支持的关键所在。

为了帮助受资助者完成这项工作，城市研究所提供了关于数据收集、绩效衡量和绩效管理的指导。这项工作至关重要，但它的影响并不总是被人们充分理解——谈论技术援助可能很难吸引和激发听众。我们知道，讲述绩效数据如何产生影响的故事的最佳方式就是讲述受惠者——儿童、家庭和社区——如何从中受益。

为了做到这一点，城市研究所的传播团队报道、撰写并拍摄了关于三个"承诺街区"受助者的故事：其中一个旨在消除密西西比州印第安诺拉农村地区机会不平等的差距；另一个致力于帮助华盛顿特区一个被遗忘的偏远社区摆脱贫困；第三个则努力满足旧金山新兴的教会区家庭的需求，尽管许多居民正在被迫搬迁。

这些故事使城市研究所的技术工作与该倡议的最终目标紧密联系起来：帮助儿童茁壮成长并取得成功。通过说明受赠者如何使用数据来绘制需求图，将家庭与重要服务联系起来，并找出有效与无效之处，这些故事使"数据驱动、基于地方"倡议的抽象概念变得具体可感。它们展示了为什么数据很重要，并向

U　Features :: A New Day for Data

HOME　　　　　　INDIANOLA, MS　　　　　　WASHINGTON, DC　　　　　SAN FRANCISCO, CA

For Families Forced Out, a Reason to Return
San Francisco, California

WRITING BY ALEXANDRA TILSLEY
PHOTOGRAPHY BY LYDIA THOMPSON
SEPTEMBER 8, 2014

那些可能对我们的技术性的研究报告不感兴趣的新受众展示了城市研究所的工作。

　　专题报道和博客文章是讲述故事的天然平台。例如，为了正确看待我们关于长期监禁的数据，我们采访了被监禁超过 20 年的男性和女性。为了说明我们关于在扩大择校选择的城市中学生上学的距离的数据，我们跟随了华盛顿特区的一名学生和她的祖母在早高峰时间开车一小时去上学。

　　你讲述的故事也可以是你自己的故事——你亲身经历的现场访问或会议、你如何解决一个困难的问题，或者你为什么关心某个特定问题或研究领域。

　　讲故事是一种强有力的联系和交流方式。城市研究所的故事让读者设身处地地感受了失业工人为重新站起来而努力挣扎，无家可归的年轻人努力适应城市支持，以及印第安人家庭重拾文化传统的过程。这些故事展示了我们的研究结果，并为我们研究的问题赋予了声音和面孔。

99

第五章
如何将研究结果写成博客

妮科尔·莱文斯/文　吴玉松/译

通过提炼和重新包装信息，你可以让成果更具吸引
力，更容易被广泛的受众所接受。

案例研究：因时而作撰写博文

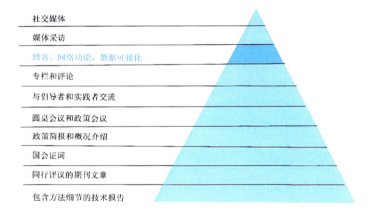

社交媒体

媒体采访

博客、网络功能、数据可视化

专栏和评论

与倡导者和实践者交流

圆桌会议和政策会议

政策简报和概况介绍

国会证词

同行评议的期刊文章

包含方法细节的技术报告

101

老实说，我不想读一份75页的报告。

——美国众议院高级法律顾问（2018年《国家》杂志）

　　你为什么开展研究？为了满足好奇心和求知欲？为了获得名利以及终身职　　102
位？对许多研究人员来说，最终目标是影响决策或帮助制定公共政策。然而，分
身乏术的政策制定者或思想领袖没空阅读你那长达75页、充满方程式和附录的
研究论文。那该如何向决策者传达有效信息呢？

　　内容翔实、有深度的研究成果在专业交流中永远有一席之地。事实上，正如本书的前言和每章开头所说，这些报告是你后续开展宣传的基础。通过提炼和重新包装信息，你可以使你的工作对更广泛的受众更具吸引力和可读性。在本章，你将了解为什么博客对传播研究很重要，以及如何进行博客写作。

什么是博客

　　博客（"网络日志"；名词，早已过时）是一种由一个或多个作者（或"博主"）定期更新的在线出版物。博客的内容取决于博主，可以是对原始报告的分析、个人的观点输出或对任何感兴趣的话题产生的思考。

　　一些博客隶属主流新闻机构，例如ABC新闻的"五三八"（FiveThirtyEight）和《纽约时报》的"观点"（The Upshot）都是由多名记者撰写的主题各异的博客。其他博客则是由个人、企业、学校或非营利组织经营。

　　得益于Blogger、Tumblr和WordPress等免费的个人博客平台，任何人都可以开一个博客，而且成千上万的人已经这样做了。截至2019年12月，仅Tumblr一个平台就有超过4.8亿个博客。

　　博文是发表在博客上的一篇独立的内容，通常采用对话的口吻撰写，篇幅约为几百字。大多数博文以文本为主，看起来像新闻出版物上的文章样式，但有些博文可能包含多媒体元素，如照片、视频或音频。

　　尽管"博客"和"博文"的概念经常被混用，但它们实际上并不相同。如果你说，"我正在写一篇基于新报告的博客"，那么你的意思是正在写一篇基于新报告的完整在线出版物，你真正想表达的意思是："我正在写一篇基于新报告的博文。"

为何写博客

你花了几周、几个月甚至几年的时间开展研究，又花了好几个小时写研究报告来解释研究方法并强调结果。然而，现在还要再花几个小时写另外一篇东西（抱歉）。

写一篇博文可能比写一份研究报告轻松，但它仍然可能需要相当多的时间。做得好的话，收效斐然。

写博客之所以重要，**一是因为很多人将通过阅读了解我们的研究**。一份10页或20页的文件仍然会劝退一些读者，即使是对你的研究方向感兴趣的读者。博文较短的长度和更易理解的语言降低了心理上的进入障碍。许多读者从博文中就可以得到需要的东西，如果想了解更多，只需点击链接就能获取完整报告。

二是可以让我们与同行、政策制定者和媒体等重要的利益相关者建立联系。在博客上发布有关你的研究结果的新文章，可以给你"理由"与你的联系人建立联系，并知会他们你正在从事的工作。这也可以帮助你在融资、媒体采访或工作面试中脱颖而出。同时，这也是你社交媒体账号的绝佳素材（参见第七章）。

三是创建和维护博客有助于我们打造个人品牌。知名研究人员即使没有发表新研究，也会在推特和领英上大肆宣传，经常接受采访，并拥有一个精心设计、定期更新的网站。换句话说，他们拥有强大的个人品牌。

四是维护个人博客或定期为访问量大的博客贡献内容有助于树立你的专家形象。在城市研究所，研究人员的博文经常被主流媒体出版物引用和链接。

Pokémon GO（宝可梦 GO）游戏

　　2016年Pokémon GO游戏正流行时，两名城市研究所的研究人员利用这款手机游戏无处不在的特性，讨论了他们在场所营造[1]中的研究工作。他们易于理解、直截了当、引人入胜的数据分析表明，那些生活在贫困街区的人在很大程度上被排除在全球现象之外。相关博文得到了主流媒体的报道，并引发了一场关于包容性和城市生活的重要讨论。

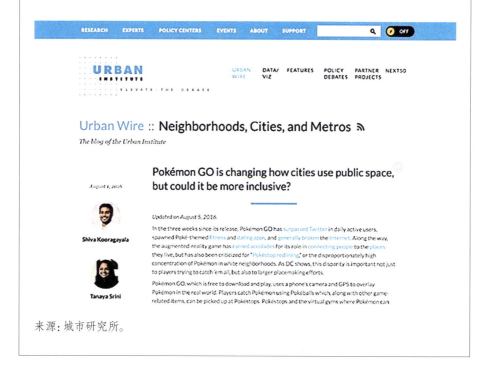

来源：城市研究所。

---

　　1 场所营造(place-making)是指把原生态的土地空间加工创造为对人有效用的场所。

即便你不是在挖掘一个新的趋势或现象，只要写得好，一篇博文可以将关于你的工作的讨论延续多年。2013年，两名研究人员写了一篇关于减少犯罪的循证方法的博文。这篇博文的标题是"减少犯罪的五种方法"，文中简要总结了城市研究所的五篇研究报告的内容并附上了链接。迄今为止，这篇博文的页面浏览量已达数万次，并持续为其他研究报告带来流量。

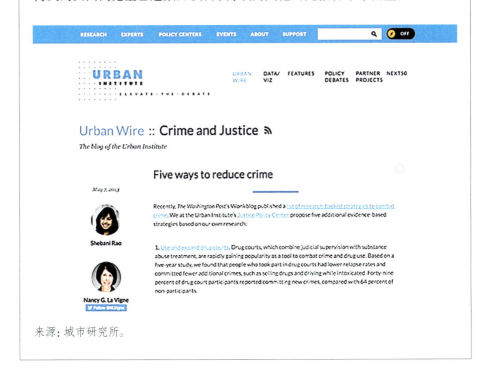

来源：城市研究所。

如何写博客

试想一下国会工作人员、非营利机构的倡导者或高层决策者，在去办公室的路上、在会议间隙或者在喝咖啡时浏览一下新闻。他们时间紧迫，需要了解很多不同领域的知识。你希望他们了解什么？接触他们的最好方式是什么？

定其位

博文是对正式研究报告的补充，不是新闻稿、执行摘要[1]，也不是论文的简短版本。一篇博文必须能够独立存在。对于读过研究报告原文的人来说，博文应该提供一个新的视角；而对于没有读过的人来说，博文则该吸引他们去了解更多的信息。无论如何，读者都应该从你的博文中学到新的东西。

在没有明确写出完整的研究论述的情况下撰写博文比你想象的要自由得多。以你的研究为出发点，探索不同的角度。

分析你独特的观点。你能就这一研究主题提供哪些别人无法提供的东西？是与社区成员进行了密切的合作，是有实践经验，还是使用了新数据集，或是这项工作对你个人或社区有影响？虽然你不必将博文写成独白，但包含一些个性的内容总是更容易受欢迎。

给读者带来惊喜。关于这个研究主题，人们会惊讶于什么，你自己有什么惊讶的发现？

强调后续内容。即使你的论文长达50页，可能也没有把想要表达的一切都说完。在研究中有什么值得进一步探讨的问题？它是否预示着相关的研究趋势？我们甚至可以邀请读者来分享他们的想法、观点和建议。

找到一个亮点。相关的政策讨论是否也发生在你的机构、城市、国家或全世界范围内？你的研究能否进一步揭示重大新闻事件？充分利用这些现有的讨论并加以补充。

不要试图一口吃成大胖子。每篇博文只表达一个观点，而不是试图将你工作中的每一个发现和细微差别都包含进去。有多个观点需要讨论？太好了，你已经找到了接下来几篇博文的主题。

107

---

1 执行摘要(executive summary)是一份简短的文件或一份较大的商业报告或提案的一部分，用来概括总结产品团队在做什么，让人们对接下来的大部分内容有一个快速的概览，以最快速度了解产品。

听其声

博文的叙述应该平易近人、直截了当。试想你向家人朋友解释自己的工作时，你会怎么表达？你会先详细解释研究方法，中间使用大量的专业术语或缩略语，在一个句子里使用尽可能多的长单词吗？可能不会。所以请用聊天的语言写博文，把SAT词汇[1]留到报告中。

博文的第一句话，尤其是前三个词，非常关键。读者将在几秒钟内决定是否继续阅读你的博文。建议用一个令人信服的统计数据或引言作为开头，用第一人称和主动语态写作，最好再讲一个简短的轶事或故事。

博文不用太过正式，可以讲述你为什么对这项研究感兴趣，或者讲讲研究过程中的惊喜。把握这个机会，以更个人的方式与读者建立联系，这是正式报告或期刊文章做不到的。

无论如何，不要把主要观点隐藏在500字的导言或结论里。你不是在制造悬念，这样做只会失去读者。

一些研究人员和学者可能会担心这种"低水平"写作会损害他们的信誉。我不能保证你不会被一些落伍的同行评头论足，但当你的想法传达给对你来说重要的受众或与他们产生共鸣时，你会在意吗？我不是让你"降低"内容难度或试图接触"普通读者"。我是在敦促你精简文字，并将写作针对博客读者的阅读习惯进行调整。

去掉行话，用最简洁的语言写作并不意味着文章不高深。有些"顶级"作家的作品使用的语言只有初中水平。如果给海明威的《老人与海》打分，其实8分都高了。在弗莱士–金凯德难度级数测试[2]（一种衡量文章理解难度的标准测试）

---

1 SAT, 全称Scholastic Aptitude Test, 是由美国大学理事会(College Board)主办的一项标准化的、以笔试形式进行的高中毕业生学术能力水平考试。SAT词汇是一个笼统的称呼，一般指一个标准的高中毕业生为通过SAT考试而需额外掌握的英语词汇，而不包括此前教育阶段和生活中常用的一般词汇。

2 弗莱士-金凯德难度级数(Flesch-kincaid Grade Level), 代表着美国从小学一年级到高中三年级适合阅读文章的水平，数值越大，文章越难。

中，海明威的这本书只得了4分。不管你信不信，本章得分为7.4分。

海明威的低分源于流畅性的概念。在2015年的一篇博文中，战略家沙恩·斯诺（Shane Snow）解释道：

> "流畅性"意味着读者可以快速读懂文章，而不必费力思考文字本身的意思。我的阅读水平数据验证了海明威等人的写作比其他人更流畅。这就是他们的出众之处，也让他们更有机会接触更多读者。

如果你使用的是Microsoft Word，你可以使用Word的内置工具检查自己写作的可读性（在校对选项下启用"显示可读性统计信息"功能）。不要因为达到某个分数而备受压力，但如果你的博文一直在9分以上，而收到的网络流量或反馈并不理想，或许就要重新考虑写作方法了。高分写作对于正式报告或期刊文章来说完全没问题，但不太适合博客读者阅读。

请牢记写博文不是写小说。在你往反方向走太远之前，切记撰写博文并非像小说家一样释放内心。诚然，读者希望能得到娱乐或有参与感，但他们也有其他事情要忙，所以请尽可能快速、直接、高效地传达信息。始终牢记你的目标受众是那些忙到只有五分钟的时间浏览新闻的政策制定者或从业人员。

在城市研究所，我偶尔会编辑有关劳动力发展的内容。我母亲是当地一家劳动力发展机构的就业顾问。她不做学术研究，但深谙机构和政策变化的实际影响。当我审阅一篇关于《劳动力投资与机会法案》或"一站式就业服务中心"的文章时，我会问自己，我妈妈会不会想读这篇文章，这对她来说有意义吗？实用吗？能和同事们分享吗？如果时间允许，我就直接问她。

只要对方能给你带来帮助，请不要吝啬向其开口求助。

观其色

一篇规范的博文通常包含以下四个基本要素。

1. 标题。标题是一篇博文最重要的部分, 决定了文章能否吸引读者以及是否便于搜索(通过社交媒体或网络搜索)。以下是同一篇博文的两个标题:

①不要胡乱拍摄: 当涉及获取警察随身摄像机镜头时, 为什么不应该完全"公开"?

②警察随身摄像机镜头: 为什么只有部分该"公开"?

第一个标题包含了一个糟糕的双关[1], 混淆了博文的意图, 而且非常冗长, 字数几乎是第二个标题的两倍。

好的标题应该做到既短小精悍, 又引人入胜。以下是一些撰写标题的建议。

使用标题的方式。不要隐藏一篇博文的核心内容。如果该篇博文将教会读者关于新住房法案的四件事情, 可以直接将其体现在标题中。标题还应具有社交媒体友好性。换句话说, 你的标题应该言简意赅。如果读者不需要思考在社交媒体上转发帖子应该说什么, 他们更有可能在社交网络上分享你的内容。

保持简短。互联网营销公司Big Leap[2] 2017年底的一份报告称, 谷歌搜索结果只显示标题的前70个字符。

便于搜索。大众在搜索你的研究主题时, 会使用哪些词语? 你在新闻、社交媒体上看到了什么, 或者你从所处领域的其他人那里听到了什么? 真正了解搜索引擎优化(SEO)并不是一件容易的事情, 但如果你感兴趣, 有很多好的工具可以使用。例如, 谷歌的关键字规划工具可以让你了解某些关键词和短语每月的搜索量。

---

1 原文第一个标题化用了短语Keep your foot out of your mouth, 意为不要胡言乱语, 将其中的单词foot用footage替换, 以追求双关的效果。

2 Big Leap是一家专门从事搜索引擎优化、社交媒体和在线声誉管理、营销自动化的互联网营销机构。

避免陈词滥调。像"跟着钱走""跳出框架"或"开始行动"这样烂大街的通用短语不能告诉潜在读者或搜索引擎博文真实的内容。双关语当然很有趣，但也容易混淆博文的真实内容，让潜在读者无法找到它。如果你给标题想了一个绝妙的双关语，可以考虑通过添加冒号和更多修饰性词语来挽救一下，但要注意不要太长——例如《贷款博弈：学生债务的修辞和现实》（*Game of Loans: The Rhetoric and Reality of Student Debt*）这本书。[1]

如果你在标题上遇到困难，我猜你在博文中也在努力表达你想要说的内容。认真思考一下你想要表达的单一而明确的观点。确保你的标题支持这个观点，并删除其他的内容。这样想出一个标题将会容易得多。

2. 副标题和项目符号。不论你喜欢与否，你都要承认，其实很少有读者会看完博文的每一个字，所以应该做好被快速浏览的准备，并尽可能地帮助读者各取所需。

如果你的文章有多个明确的部分，考虑使用副标题。例如，如果你正在写一篇关于国会法案更新的文章，其中包括其最初通过的简要背景，可以将一个部分命名为"H.B.123法案的历史"，另一部分命名为"H.B.123法案的现状"，这样对这个话题比较熟悉的读者就可以直接跳到第二部分，而对这个话题比较陌生的读者也能跟上进度。[2]

项目符号是最简单的捷径。将你的各个思路分解成项目列表。通过项目符号的方式，你是不是更容易阅读这些部分？虽然项目符号列表可能不适用于25页的学术期刊文章，但对于博客读者来说，它们非常有帮助。

尝试使用编号列表。一些"标题党"文章（如"震惊！90后都知道的21件事"）使得编号列表臭名远扬，但这是一种流行且好用的博文模板。你也可以尝

111

---

1 美国大学学费和学生债务水平一直在以惊人的速度增长，该书直指美国学生贷款的问题，重新肯定了大学教育对于大多数学生的投资价值。

2 H.B.123是美国法案的文件编号。

试在文章中使用它，比如"关于X，你需要知道的10件（或更少）事"。这能让读者知道他们将要读的是什么文章以及能有什么收获，比如通过阅读一篇名为"有空就要做的6件事"的文章，读者就知道今天能学到关于联邦医疗保健改革的6件事。

3. **多媒体**。要想真正吸引读者，就不要局限于文字表达，而要加入视觉效果。

照片。你能使用照片、插图或图标来使研究主题在视觉上吸引人吗？你是否拍摄了与你的工作相关的照片？没有也没关系，有很多很棒的图片网站和资源。注意一定要仔细检查下载或购买的任何素材的版权许可，毕竟再好的照片也不值得你为之惹上官司。

视频。你或你的组织是否制作了一个总结或支持你博文的视频？你是否在相关的新闻片段中有出镜？你是否在会议或专题讨论中发表了讲演？如果有的话，你可以直接将这些视频跟博文一起发布；如果视频是在其他网站上发布的，你也可以将其直接嵌入博文中（通过使用所谓的"嵌入代码"[1]来复制粘贴）。

图表。你有能力调整研究的视觉效果或者利用其他数据源进行数据分析吗？简单的图表配上引人注目的标题、有效的注释以及注明来源的标志（如果适用），有助于强调你最重要的观点。下图来自一篇关于有色人种女性能见度的博文，该图鲜明地阐述了有色人种面临的贫富差距，其表达效果远比话语有力（关于有效的数据可视化技术，请参见第三章）。

---

1 嵌入代码(embed code)是一种用于在网页上嵌入多媒体内容的代码，比如视频、音频、图像等。它可以帮助网站所有者将多媒体内容添加到网站中，而无需自行编码。

图片原始数据来源：张真理子(Mariko Chang)：《女性与财富：资助者的真知灼见》（"Women and Wealth: Insights for Grantmakers"）（华盛顿特区：资产资助者网络，未注明日期）。来源：城市研究所 。

4. 链接。链接在博文中起到快捷方式和引用的作用。我们与其浪费300字来定义概念或提供背景信息，不如添加高质量的、可信赖的合法来源链接，如来自研究机构、学术期刊或新闻机构的链接。

尽管博文也应有据可依，但不需要事无巨细地标上脚注或正式的引文，只需添加报告全文或其他资源的超链接。如果你想声明来源，可以这样表述——"根据2015年城市研究所的报告……"。超链接不要加在没有实际意义的词语上（诸如"报告"或"这里"），而应该囊括一个故事。读者在浏览文章时，经常会从一个链接跳到另一个链接，所以在文本中添加链接也有助于突出段落或文章的重点。

下面哪种超链接方式更引人注目？

·根据2016年人口普查的统计结果，已婚的白人女性占51%……但该比例在黑人女性和美国印第安女性中只有26%和36%。

·根据2016年人口普查的统计结果，已婚的白人女性占51%……但该比例在黑人女性和美国印第安女性中只有26%和36%。

察其形

博文在字数上没有硬性规定，一些读者觉得越长越好。社交媒体公司Buffer根据Medium（简书）上发布的博文数据认为1600字是"一篇博文的最佳篇幅"。营销公司CoSchedule则发现2500字的博文最适合搜索，HubSpot也得出了类似的结论。[1]

但以上研究针对的是普通互联网用户，而你的目标受众则是忙里偷闲的首席执行官、立法助理或宣传助理，所以宁可写得简洁一点。即使读者更小众、更专业，也要尊重他们的时间。

如果你要为其他机构或个人的平台写作，可以先问问他们的受众或编辑更喜欢什么文风。他们对博文的篇幅可能有明文规定，他们还可能知道读者在阅读600字后通常会离开。

一般来说，400~800字的篇幅最佳，这样既有足够的空间来深入探讨一个话题，又不会给读者造成压力，那些想深入了解的读者会点击链接查阅更多的研究资料。

还需要注意的是：保持段落简短，如果可能的话，每段不超过四行。因为对于数字读者来说，特别是在移动设备上阅读时，没有视觉间断的大段文字会对阅读造成困扰。你不一定需要缩短整体篇幅，只需在每个独立观点的结尾处加入一个硬回车，使你的文章更易于浏览。

举个例子，当你在手机上浏览一篇博文时，你更愿意阅读左边这种还是右边这种？ 114

---

1 Buffer是一家社群媒体整合管理公司，可以帮助用户同步管理多个社交媒体平台。CoSchedule是一家内容营销和社交媒体管理设计公司，可以帮助企业更好地组织和计划其营销内容。HubSpot是一家以集客营销为理论支撑，为企业提供软件平台的公司，旨在帮助企业吸引访客，转化销售线索，培育购买客户。

Today, the federal prison population is 750 percent bigger than it was in 1980, costing taxpayers billions of dollars and making no measurable impact on public safety. What factors are driving this growth? What can be done to stem the tide? To come up with answers, Congress created the Charles Colson Task Force on Federal Corrections. The bipartisan team will examine challenges in the federal corrections system and develop practical, data-driven policy responses. At the end of the year, members will present their findings and recommendations to Congress, the Department of Justice, and the president. The Urban Institute is providing research, analysis, strategic guidance, and logistical support in partnership with the Center for Effective Public Policy through a cooperative agreement with the Bureau of Justice Assistance.

Today, the federal prison population is 750 percent bigger than it was in 1980, costing taxpayers billions of dollars and making no measurable impact on public safety. What factors are driving this growth? What can be done to stem the tide?

To come up with answers, Congress created the Charles Colson Task Force on Federal Corrections. The bipartisan team will examine challenges in the federal corrections system and develop practical, data-driven policy responses.

At the end of the year, members will present their findings and recommendations to Congress, the Department of Justice, and the president.

The Urban Institute is providing research, analysis, strategic guidance, and logistical support in partnership with the Center for Effective Public Policy through a cooperative agreement with the Bureau of Justice Assistance.

在哪里发博文？如何发？

对于初次尝试写博文的人来说，利用现有的受众可能会有所帮助。如果你的机构已经有一个博客了，那将是你开始的最佳地点。建议在动笔之前，与博客管理者或编辑取得联系，了解你想写的内容是否适合这个平台。对方也可能会从其他角度提出建议，分享写作过程中的指南和细节，或者把你和机构的其他博主联系起来。

博客管理者或编辑也可能会婉拒我们的加入（比如说"谢谢，不需要"），这时你将不得不在其他地方发表博文。但即便如此，对方仍可能在技术、技巧、资源等方面帮到你。

如果你的机构根本没有博客或者有博客却没有空间供你使用，那你还有其他选择：

资助者、合作伙伴或其他有博客的机构。你是否与资助者、合作伙伴或其他有博客的组织合作？询问他们是否可以给你提供一个客座博客位置，或者让你与他们的工作人员合作撰写一篇文章。这样一来，你就可以接触到已经建立起来的受众群体。

媒体。一些媒体欢迎专家来撰写客座博文。你或者同事能否联系上记者？确保你对他们正在寻找的内容了如指掌，并向他们推销自己和你的工作。第一步非常重要：陌生电访通常很难成功，如果说错了话或完全离题，那么你肯定无法取得成功（详见下一章节，了解如何与记者合作）。

如果为其他机构写作不可行或者你更想自力更生，许多免费（或低成本）的、用户友好的博客平台可以让任何人创建自己的出版物（参见后文中的"热门博客平台"）。开通博客不需要掌握网页设计的技术，也不用懂代码，只需访问这些网站，点击注册按钮，然后按步骤进行操作。恭喜你：这样你就拥有了一个博客，以及随之而来的所有责任。

接下来我将推荐一些博客平台。在这些选项中，我最推荐的是简书。在某些方面，它更像是社交网络，而不是博客平台，并且它更有利于分享和社交。而且，如果你还不确定，你可以选择定期发布或不定期发布；如果你只想发表一篇独立的博文，简书更加宽容。

虽然领英是一个社交媒体平台，严格来说不算博客平台，但它正在向出版领域扩展，能给那些稳定输出的用户带来极高的曝光度。与简书平台一样，领英也是不定期、不经常甚至一次性发表博文的好地方（详见第七章）。

热门博客平台

如果这本书写于2011年，一家名为Posterous[1]的平台应该会出现在这份名单上，但该公司在2013年倒闭了。我想表达的是以下平台可能有所变动。

116

---

1 Posterous是基于电子邮件的内容发布平台，允许用户通过电子邮件在不登录的状态下上传文件，于2013年4月30日终止服务。

Blogger（博客园）。21世纪初user.blogspot.com平台上铺天盖地的博客令人难忘。现在它作为谷歌个人数字工具套件的一部分，提供了一个入门级博客所需的所有基本功能（尽管缺乏谷歌其他产品的魅力）。

LinkedIn（领英）是一个面向职场的社交平台，主要用于职业人脉的建立。其优点在于可以发表工作、研究领域或任何我们想发表的相关内容，而不必负责维护一个独立的博客。

Medium（简书）是一个面向大众的平台。在这里，业余博主与知名作家的作品共存，无名作家仅凭一篇出圈的博文就能引起轰动。2016年初，塔莉娅·简（Talia Jane）就在该平台发表了《致首席执行官的公开信》（"An Open Letter to My CEO"），其中详细描述了她作为Yelp公司员工所面临的财务困境，就此引发了一场关于就业和福利的全球讨论。[1]

Tumblr（汤博乐）是一个带有社交媒体倾向的博客平台。用户不仅可以发布原创内容，使用无文字图形交换格式（GIF），还能关注、分享（转载）并与其他用户建立联系。该平台用户呈现年轻化趋势，据报告统计，66%的用户年龄在35岁以下。

WordPress（网络搭建平台）是当今互联网上最流行的内容管理系统之一。该公司称它在从主流的新闻网站到个人博客的网站中的市场占有率达到了三分之一。与Blogger类似，它提供了一个简单明了的界面，不过进阶版用户还可以尝试使用各种插件、模板和其他定制功能。

117

---

1 Yelp是美国最大的商户点评网站，塔莉娅·简在发完博客后被该公司开除。

发完博客怎么做

写好了博客并不意味着读者一定会随之而来，还取决于你如何宣传博客。你可以利用哪些传播渠道？组织的通讯简报、个人邮件联系、你所在组织的社交媒体账号以及你个人的社交媒体账号都是很好的资源。利用本书中学到的其他策略来吸引读者关注你的博客。

你如何判断写博客是否值得努力？页面浏览量和访问量并不是唯一的衡量指标。定性的成果和定量的成果一样有价值，甚至可能更有价值。你的博文是否收到了深思熟虑的评论？是否有你所在领域的人看到你的博文并给你发送了信息？你的博文在社交媒体上是否引起了关注？是否吸引了某个资助方的兴趣？你是否因为发表博文而被媒体引用？你如何衡量成功完全取决于你自己。

你也不必孤军奋战，大可以与其他博主建立联系，互相交换意见。也可邀请信得过的同事或朋友审阅你的草稿。邀请你敬佩的人共同撰写一篇博文，跟其他博主联系，看看是否可以在各自的平台上共享内容，帮助你扩大受众范围。

请记住，目标用户的10次访问可能比随机用户的1000次访问更为重要。不管成功对你而言意味着什么，如果不能马上成功，也不要气馁，因为很可能永远都不会成功。继续努力，尝试新的方法。你会变得更擅长博客写作，而博客写作也会变得更容易。

本章要点

·写博客可以扩大你的受众群体和影响力，能帮助你的研究走向世界，走向那些可以将研究转化为实践的人手中。

·保持博文简短有趣。记住，每篇博文只表达一个要点——多个要点需要多篇博文——尽量做到快速阅读。使用链接和多媒体作为快速访问的方式。

·宣传推广。利用其他可用的传播工具，吸引读者阅读你的博文。

·坚持试错。失败乃成功之母。

案例研究：因时而作撰写博文

对许多研究人员来说，博客是一种全新的写作方式。虽然还有人对使用新闻钩子[1]和短篇博客作为复杂研究产品的切入点持谨慎态度，但已经有人接受了这种方法，并看到了它的好处。

希瑟·哈恩（Heather Hahn）是城市研究所劳动、公共服务和人口中心的高级研究员，主要研究儿童和家庭的福祉问题。作为城市研究所博客 Urban Wire 的定期撰稿人，她与城市研究所的传播团队开展密切的合作，对如何撰写一篇有效的博文有着深刻的认识。

2017 年 10 月，哈恩和城市研究所的其他研究人员正计划发布年度《儿童支出份额报告》，该报告考察了联邦政府在儿童相关事项上的支出。哈恩意识到万圣节可以成为这篇报告博文的有效钩子，所以她请来 Urban Wire 的编辑罗伯特·阿贝尔（Robert Abare）帮助她把二者联系起来。

经过一番调查，阿贝尔发现美国人每年在万圣节花费大约 90 亿美元。这一数据与《儿童支出份额报告》中的一项数据相一致，即联邦政府每年在支持低收入家庭儿童教育发展的"启蒙计划"（Head Start）上花费约 90 亿美元。

哈恩与阿贝尔共同发表了这篇博文，利用美国人在万圣节的花费和联邦政府在儿童"启蒙计划"上的支出相当这一点，来吸引读者对《儿童支出份额报告》产生兴趣。这一简单的对比使得研究结果更容易被理解。同时，她的博文也强调了报告的结论，即联邦政府用于儿童的开支正在缩减。整篇博文篇幅不到 300 字。

这篇博文发表于 2017 年的万圣节，利用了合适的时机来推动读者的参与。它在社交媒体上被广泛分享，并迅速获得了超过 1000 次的页面浏览量。

---

1 新闻钩子(news hook)指相同性质的事件互相挂钩成为同类新闻，而同一事件的后续发展也会因为易于追踪与归类而可持续成为新闻内容。

哈恩的博文展示了如何专注于一个明确的观点，并使用新闻钩子来引起读者对另一项研究的兴趣。城市研究所的传播人员在建议研究人员如何写出简短有趣、合时宜、可分享、易于广大受众理解的博文时，经常使用这个例子。

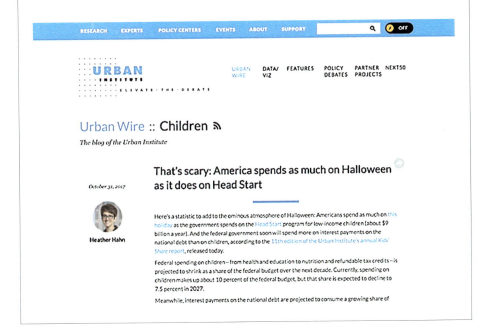

第六章
开展媒体工作增加你的影响力

斯图·坎特 / 文　朱雍 / 译

采访不仅仅是一次性的活动，利用它来建立媒体关系，可以成为未来的潜在资源。

案例研究：对政策建议的快速反应有助于精英媒体关系的养成

　　沿着沟通金字塔向上,我们现在到了接受媒体采访的阶段。许多人面对记者时会紧张,担心自己的观点会被歪曲、误引或被误解。事实上,记者和研究人员通常都致力于同一个目标:通过知识的创造和传播来改善人们的生活。两个群体都希望为公众了解更多信息以及制定更好的政策、计划和程序做出贡献。

　　研究人员和记者在许多方面进行着类似的工作,他们常常自豪地称之为公共服务使命。他们会提出问题,检验并修正假设,从一手和二手资料中收集定量和定性数据,得出结论,讨论影响,提出建议,并强调有前景的解决方案。虽然这两个团体可能有相同的目标，但他们实现目标所用的方法不同。

本章探讨了研究人员和记者之间的关系，以及如何有效地建立联系，帮助你的研究成果送到可以使用并从中受益的人的手中。这里分享的经验不仅适用于媒体采访。尽管你可能不会与媒体交谈，但你很可能会向同事和管理者展示你的工作。在这些情况下，本章介绍的一些策略和技巧对你交流工作、争取这些重要团体的认可和支持有所帮助。

了解媒体环境和良好媒体关系的缘由

媒体有各种类型：印刷媒体，如报纸和杂志；电子媒体，如电台广播和有线电视频道；在线新闻和信息网站、播客和博客；新闻通讯社，如美联社；以及新闻服务机构，如华盛顿邮报新闻服务和联合通讯社。有些媒体追求全国或国际读者、听众和观众，而有些则注重特定地区或州。有些则为他们附近的社区和邻居进行报道。

还有另一个维度涉及受众：许多综合性机构组织的记者，如《纽约时报》或《达拉斯晨报》，试图与兴趣广泛、有需求的读者联系。其他记者则专门报道特定问题、行业或职业。

即使有这么多的差异，与媒体人员建立和培养关系也需要经过实践检验的步骤和技巧。就像一个稳固的合作伙伴关系，它需要双方的勤奋和奉献，但回报让努力变得更加值得。

为什么要帮助记者？最自私的原因是，媒体的关注可以让你的研究结果和智慧引起数百万人的关注。美联社的一篇报道可以被全球数百家媒体转载。《纽约时报》《华盛顿邮报》或《华尔街日报》的一篇报道可能会让地方记者发问："这种情况或问题对我所在州或城市的人有何影响？"媒体报道可以提升你的专业性和个人声望，并为你的简历增加令人艳羡的可信度。它还可以帮助你与其他专家、资助者、新数据集和意想不到的机会建立联系。

与媒体互动对于研究人员的公共服务使命至关重要，也是公共教育的强有力手段。知名学者和那些渴望成为各自领域领袖的人，他们的简历都会有意吸引人们关注他们在媒体上的表现。而对你的研究结果进行积极报道，可以提高你所在机构的声誉。

尽管如此，你可能会因为各种原因而回避媒体请求。他们的出现有时不合时宜。你可能担心记者会曲解你的话。也许你担心的是时间。表面上看似简单的请求可能会变成你和记者之间意想不到的长时间交流。你可能担心因为记者不熟悉某个领域或问题，你在向他讲述研究多年的主题的来龙去脉时陷入困境，因为这种情况下你需要向他解释研究的基本知识和要点。

发生这些情况很正常。有几次，一位研究同事向我抱怨，他们和记者交流了半个小时，"但他们只报道了我的一句话"，或者"他们完全忽略了我的研究所发现的细微差别"。正如你所了解的，虽然失误、错误、疏忽和不准确的陈述可以减少，但并不能保证你与新闻媒体的所有互动都会按照你的意愿进行。毕竟，我们谈论的是人，即使是出于好意，也可能会出错或令人失望。但正如下面引文中所述，你与记者的互动可以帮助你将工作传达给更广泛的受众并产生显著影响。

> "随着我们的国家发展越来越好，所有人的生活都得到改善，但仍然有些人要过得更好。"城市研究所的高级研究员兼机会和所有权计划的联席主任西格-玛丽·麦克南（Signe-Mary McKernan）说道："黑人和西班牙裔家庭的财富积累路径与白人家庭不同。"
>
> ——《华盛顿邮报》，2017 年

> "我不认为任何单一的变革会真正对美国的枪支暴力问题产生影响，"城市研究所司法政策中心副主席兼主任南希·拉·瓦因（Nancy La Vigne）说道，"这需要多方努力，包括限制高威力枪支、针对滥用枪支采取立法解决方案，以及在枪支暴力频发的社区开展工作。"
>
> ——《财富》杂志，2018 年

目标导向型专家

在你联系记者前，或者记者向你提问前，无论是面对陌生电访、电子邮件，还是你所在机构媒体关系办公室的请求，放松下来，重复这些话：

> 我是专家，我把我职业生涯的大部分时间都投入这个领域。我了解我的研究，也了解这个领域其他人的研究成果。我希望人们能从我所发现和知道的东西中受益。

记者想要并寻求你的帮助和见解，因为你是专家。你可能因为谷歌搜索、另一位研究人员的推荐、隔壁桌记者的提示，或是你主动联系而引起他们的关注。从一开始，你就拥有较高声望，并且可以通过练习，在很大程度上主导对话。

请记住，几乎所有（如果不是全部）记者提出的问题都是为了寻求信息或见解。他们不是来找你麻烦的，而是为了寻求你的智慧。记者希望能够更好地理解问题，并需要你的帮助来为他们的读者解答问题，这些读者可能不具备你的专业知识。在极少数的情况下，如果是一个麻烦的提问，使用技巧可以将其转化为你的优势。

采访中最重要的部分发生在你拿起电话、发送电子邮件或走进演播室之前。记者们很忙，经常超负荷工作（是不是听起来很熟悉？），他们通常在寻找简明扼要、有力的，甚至是诗意的引语或片段，以迅速切入主题，明确他们故事的关键主题或维度。他们也在寻找现实世界的例子，甚至是假设的例子，这些例子能引起共鸣，能阐明人的处境，能讲述一个故事，并让你所说的内容对人们产生真实的影响。

为了充分利用媒体机会，了解你想让记者和公众知道什么，以及如何讲述。你的目标是什么？通过巧妙地处理你这一方的对话来推进目标。在与同事、经理和资助者交谈时，类似的策略也很重要：如何才能最好地传达你的工作，以便他们能够理解、发现并实施你的想法？

研究者的自我推广

任何有价值和重要的关系都需要双方进行开放、诚实和持续的沟通。想想你的配偶、伴侣、学术和研究伙伴，以及其他对你的幸福和成功至关重要的人。

记者是你在公共教育、政策和项目改进以及职业发展方面的合作伙伴，因此值得认真对待。毕竟，我们讨论的是媒体关系，而不是媒体速配。

为便于讨论，假设你所在的大学、公司或组织没有媒体关系部门。如果这个假设不成立，请与他们联系并介绍自己，让他们安排你参与"媒体关系101：我们是如何做到的"[1]，并让他们了解你正在做的有新闻价值的工作和你能提供的专业知识。

如果没有人能成为你的媒体关系盟友，不要绝望。你很聪明，专注于自己的领域，并且有进取心。而且，你已经是一个媒体消费者，所以你至少对一些有用的新闻和信息渠道以及在那里工作的人有一定的了解。建立良好的媒体关系不需要你购买设备、租赁场地或挤出一天中的大量时间。

首先，借鉴环保运动的"全球思考，本地行动"理念。广泛思考你有能力解决的议题、争议、政策、项目和问题。假设你是经济发展方面的专家，了解税收优惠可能为你的社区带来的商业方面的作用（或许也可能不发挥作用），以及在公共资金处于风险时应如何权衡取舍。

接下来，请注意附近（甚至远处）正在进行的争论，关于税收优惠的提案、官员或利益集团提出的建议、重要的既得利益方的声明、脱口秀节目中的闲聊以及媒体评论。

126

---

1 "Media Relations 101: How We Do It Here"，指一个简介或入门级的课程，专门讲解组织如何处理与媒体的关系。此处，"101"通常用来表示基础或入门级的课程，暗示着这是给新人或不熟悉该领域的人的一个初级教程，"How We Do It Here"强调这个介绍或课程是基于该组织特定的做法和策略的。

这些对话、交流和报道中缺少什么？哪些错误信息得到了不恰当的关注？公众及其代表应该了解哪些事实依据来做出决策？你准备提供哪些来自你自己的研究或从你领域中其他人那里获得的信息和见解？ 127

列出为你的城镇、州或地区服务的报纸、电视台、广播电台、新闻机构、在线媒体和博客名单，这些是你使用、尊重和喜欢的媒体。如果有必要，扩大范围并考虑国家新闻机构。

谁可能撰写或报道关于税收优惠和吸引企业到你所在的城镇或州的新闻？商业记者是天生合适的人选，以地理区域为中心、报道相关的政府机构（如市政厅）的记者或报道政治新闻的记者也是如此。关注该地区问题的专栏作家也应该在你的名单上。"佛系"的广播脱口秀节目，特别是公共广播电台的节目，是进行深思熟虑的深度对话的绝佳场所。

联系记者

如果你知道自己有重要的贡献要做（有关采访准备的更多信息请参见本章后续部分），并且对应该接触哪些人有清晰的认识，现在该怎么做呢？

我发现简明扼要的电子邮件是吸引记者、建立互利关系的一种有效、高效的手段。其他媒体关系专业人员可能更喜欢电话联系。请记住，许多记者不喜欢陌生电访，因为这会打断他们的工作并占用大量时间，特别是临近截止日期时。当然，如果你有一些独特的、及时的且具有启发性的内容，记者会为之放下其他工作，这时候打电话可能正合适。

该如何找到记者的电子邮件或电话号码？许多媒体会在员工名单或员工简介中包含这些信息。此外，社交媒体账户是查找联系方式的好地方。

你的首封邮件可以参考如下： 128

琼斯女士：

今天您关于 Anytown 努力制订税收激励计划以鼓励 XYZ 公司在此开设新工厂的报道〈插入报道链接〉非常详细，但缺少了一些关键信息。研究表明，这种税收激励计划会产生 A、B 和 C 的效果，而不是像约翰·史密斯所说的 D、E 和 F。

作为我们州技术大学的经济学教授，我拥有十多年税收优惠方案利弊的研究积累，我对这个问题的复杂性有深刻且独到的见解。例如，我写了这篇文章〈插入链接〉和这篇文章〈插入链接〉。

我相信我可以帮助您和您的读者 / 观众 / 听众更好地理解与经济发展提案相关的利弊和权衡。

很高兴有机会与您交谈，希望我的专业知识能够对您和您的报道有所帮助。我的日程安排十分宽松。

祝好！

蒂娜·布朗

如果琼斯女士的故事促使你给她写信，请尽快行动。这将表明她和她的报道对你很重要。不过，她可能不会立即回复，而是选择保存你的邮件，以便下次报道时能从你的见解和理解中获益。

"写给编辑的信"和评论也是与媒体互动的形式。前者通常是对新闻报道的快速回应，后者则是针对当前争议问题或者你认为应该成为当前争议的问题的紧凑文章。

在动笔之前，无论是手写还是电脑输入，请先查看报纸的网站以了解其提交规则。字数因报纸而异，但"写给编辑的信"通常在100到200个字之间，而专栏文章则在750到800个字之间。

我对那些即将撰写专栏文章者的建议是：你的初稿字数应该大约1000个字。这样你或编辑朋友能够将文字打磨到750字左右。另外，许多作家在此处会 129

遇到困难，要确保你的评论提出有力观点。太多的投稿无疾而终，因为那些文章只是对新闻稿或执行摘要的精心呈现。

在报纸上发表引人注目的专栏文章通常会引起其他媒体的关注，从而提出采访请求，并引起官员和其他利益相关者的兴趣。

> 大多数人都看到了薪资差距的数据：女性赚 1 美元，相当于男性赚 80 美分，而对于黑人和拉丁裔女性来说，这个数字分别只有 63 美分和 54 美分。但很少有人意识到，女性的财富差距远远大于收入差距。而对于有色人种女性来说，这不是一个差距，而是一个鸿沟。
>
> ——基洛洛·基贾卡齐（Kilolo Kijakazi）和希瑟·麦卡洛克（Heather McCulloch），《批评》杂志，2018 年

> 如今，法院越来越认识到，没有任何法律依据可以将 LGBTQ 群体排除在我们所有人享有的权利之外。数百万美国人维持家庭生计和生活尊严的能力不应等待国会进一步的行动。国会已经宣布禁止性别歧视。
>
> ——珍妮·杨（Jenny Yang），《华盛顿邮报》，2019 年

当记者找上门来

当媒体采访出现时，第一个问题很简单：这个话题或问题是你能给出令人满意的回答的吗？也许你是一项研究的第四作者，尽管你对该研究的贡献重要但很有限。如果这个话题不是你所擅长的，那就说出来，并尝试推荐其他可以完成采访的人。如果你无法提供记者所需要的专业知识，那么你会浪费自己和记者的时间；你希望记者和她的同事知道，你是在为他们的最大利益着想。

像研究人员一样，记者往往时间紧迫，面临着迫近的截稿时间；因此，尽快回复记者是否能提供帮助非常重要。这并不一定意味着你要立刻抛开手头的一切，当场接受采访。事实上，你可能需要进行一些调研或准备工作，查阅一两篇研究

论文或寻找最新的数据。如果记者知道你会在双方都同意的某个时间内提供帮助，她就不会那么担心了。

如果你对媒体机构、记者或话题有任何顾虑，请在同意接受采访之前立即与你的公共事务或媒体关系办公室核实。那里的人可能会在你继续之前获得你想要的详细信息。大多数记者会提前提供一些示例问题，供你判断是否合适，但不要指望记者会把所有问题都发给你。

如果你的组织没有媒体关系办公室，你可能需要自己调查相关请求。你可以直接在新闻媒体的网站上查看，或者和已接受采访的人交谈；你也可以和记者在采访前进行一些电子邮件的交流，了解她想问的问题。如果你对此感到不舒服，可以推荐其他人和记者联系，这对她的工作是非常有帮助的。

另外还需要注意的是：有些记者会考验你的耐心。有些人可能对某个主题（甚至是新闻业）比较陌生，可能需要一些指导。或者，他们可能对你的研究领域了如指掌，并有一长串详细的问题，要求你提供数据、文献和其他细节。如果你的时间有限，请告知她，这样她就可以仔细选择出最重要的问题，并在与你的交谈中充分利用。记住，你与记者之间的关系是双向的——你们双方都试图从互动中有所收获，因此明确期望和需求可以帮助双方在对话中将获益最大化。

如果你不是经验丰富的媒体信息源，不要担心提前制定基本规则或协商哪些内容可以引用，哪些内容不能引用。开始采访（或采访前的交流），意味着你说的每一句话都是公开的，并且任何话都可以被引用和注明归属。仔细想一下，你是否与你的雇主、资助者或其他合作伙伴有任何合同义务？你可能还会被问及正在进行的研究，但这些研究在发表前不能进行讨论。清楚底线：知道哪些信息能分享，哪些不能。 131

接受采访

你即将接受采访，记者会在一点钟打电话给你。此时，你要停下来，深呼吸，整理好思绪。你能做的最重要的事情就是确定你想向记者传达的最重要的信息：
你想让记者报道的两三个标题、研究结果或建议是什么？哪些必须知道的统计
数据、证据或证明支撑了你的大胆陈述？

大声练习你的回答。像演员一样熟练地讲话，大声回答可以帮助你优化你说
的内容和方式（参见第四章关于讲演的内容）。你也可以找一个你信任的人一起
练习，提供建设性的批评。如果有必要，可以一遍又一遍地练习。正如一位同事所
说："你在洗澡时大声说出来，反复练习，特别是你的开场白。这样，即使紧张到
神经紧绷，你也可以依靠肌肉记忆。你的嘴巴记得该说些什么。"

专注于你的信息要点——你想告诉故事读者、听众或观众的内容——并留
意记者提出采访的原因。你可以把这些看作你研究工作的标题。采访是你展示研
究能力和智力活力的机会，因此你不需要仅仅局限于几个练习过的标题。如果你
有更多想说的，就说出来。分享你对工作的热情，并利用你的声音（特别是在广播
中）为问题带来温暖和能量。如果你听起来真的对自己的研究很兴奋，记者（最
终是观众）将会更感兴趣。你的标题确保你把最重要的贡献带入对话中，并在时
机适当时重申，尤其是当记者的问题偏离主题时。

轮到你说话时，先停下来整理思路，然后陈述你的标题或信息要点，再列举
一两个支撑性内容。停顿可以给你时间找到合适的词语，让你能够介绍新想法，
保护你所说过的话，并帮助记者做笔记。[我发现玛丽安·K. 伍德尔（Marian K.
Woodall）的《如何应对突发状况思考》（*How to Think on Your Feet*）一书对于
那些想要进一步了解如何在对话中做到最好的人来说，是一本必读书目。]

"回答加支撑点"的方法能让你保持镇定、专业性和可信度，并让你的回答
简明扼要。一般而言，一个支撑点就可以了，但并非硬性规定。在有些情况下，你
可能需要提供更多的事实。在这种情况下，重要的是给记者一个信号，表明你有
一系列的事实或支撑性证据。以"XYZ有三个主要原因……"开头可以帮助你在
说话时整理思路，同时让记者为长篇回答做好准备。

132

总的来说，在采访过程中，你可以通过使用"主要观点""最重要的事情""有三个原因""需要理解的重要性"和"真正的利害关系"等线索或提示来帮助自己和记者。使用这些短语也可以帮助记者找到好的引用语，在文章中使用。但是，如果记者沉默不语，不要觉得有义务继续说话；记住，记者的工作是从你这里获取信息，所以让她完成她的工作。

为了避免冗长的回答，你可以用问题的要点来做结尾："所以……是低收入家庭难以维持生计的主要原因。"这是你的采访，不要着急，如果有必要，可以把话重复一遍。

采访中的陷阱 133

并非所有采访问题都是清晰、简洁和中立的。有时，由于各种原因，它们可能会很长、很复杂、令人困惑，甚至带有负面意味。在采访遇到困难时，你有几种选择。

1. 请求重复问题。这将给记者第二次机会确保问题清楚明了。

2. 提出你认为应该被问到的问题，然后回答它："我想你是在问是否……"

3. 请求澄清或定义："贫困是一个复杂的话题。你能更具体一些吗？"或者，自己澄清或定义一个观点："根据我的研究，贫困是……"

4. 回应问题的一个方面，忽略其他方面。

5. 间接回答，即先给出解释，然后再回答。问题："为什么某研究这么晚？"答案："与人相关的研究可能涉及许多不可避免的人为延误，比如疾病和家庭责任。在这种情况下，无法控制的情况使项目延迟了三个月。"

6. 在不合适的问题和适当的回答之间建立联系。同意问题中的某些方面是有效的、真实的或令人关注的（比如教育水平的重要性），然后转移到你想谈论的更大的或更重要的问题上（如住房歧视）。

7. 不要通过重复问题中棘手的内容来验证负面或敌对的问题。给出一个聚焦于积极方面的回答。

8. 要坚定："坚持某事是错误的，因为……"

与记者、经理、资助者或同事交谈时，有许多额外的技巧和策略特别有用。

语速不要太快。以正常的语速说话，偶尔停顿一下，给自己思考的机会，也给记者准确记录笔记的机会。在漫长或复杂的谈话中，定期询问记者是否理解你的回答。就像向观众演讲一样，慢一点更好。

134

限制专业术语和技术术语的使用。如果报道面向的是对该领域感兴趣的普通大众，不用或者减少使用术语对自己、记者和观众都有好处。这时练习是最有帮助的，特别是如果你能与一个不熟悉你领域的专家一起排练；如果你的父母可以理解你对医疗补助报销机制的解释，那么你就已经准备好进行采访了。在接受行业或专业媒体的采访时，充满术语的回答可能是令人满意的，但在其他地方，它们不便于被引用，不便于记忆。当和经理或同事交谈时，你可能觉得技术术语是合适的，在许多情况下确实如此，但也要考虑你的受众会如何对待你所说的内容。也许他们是组织或更广泛群体中的"看门人"，可能不需要所有的技术细节和统计术语。在这种情况下，考虑一下你的工作将来会如何使用，以及你如何帮助促进更好的沟通。

限制数字和统计数据的列举。统计数据在一定程度上是有用的，但只限于一定程度，因此要明智、谨慎地使用。一个引人入胜的数字可能会引发人们的关注。太多的数字，就像太多的文字一样，会变成噪声。记者可能能够找到失业率、医疗补助登记人数或预期寿命等统计数据，因此不必为整个报道提供所有细节。

你并不是万事通。虽然你知道很多，但并非通晓一切。如果被问到一些超出专业领域的问题，可以回答"我不知道答案，但我可以告诉你……"。当然，你在这句话的结尾应该具有说服力和启发性，而不是离题的内容。这也可能是你将记者引导到其他人或其他信息源那里获得更详细回答的机会。

学会做出假设。虽然你可能不知道一切,但你是一名研究人员,你的核心工作之一就是对世界提出问题。因此,构建假设是你工作的一部分。如果你从丰富的知识中萌生了一个假设,考虑将其提出,连同相关的线索和明确的声明,即你正在假设并提出结论或建议。

保持专注。无论是电话、在线、面对面还是在工作室进行的采访,都要专注于所说和所问的内容。人们很容易被分心而做出与对话不同的回答。

没有"无可奉告"。切勿使用"无可奉告",这可能被认为是"有罪"。如果你没有一个有根据的答案,说"我不知道"是完全可以的。更好的做法是给记者一些其他的信息源和她可能会联系的人,这样她可以与之联系以获取更多信息。

重复问题。一些研究人员发现重复问题(或部分问题)或改述问题很有用,尤其是在原问题不清楚或过于消极或令人易怒的情况下。例如:

> 记者:"为什么研究人员回答问题这么慢?"
>
> 研究人员:"为什么研究人员回答问题的时间比其他人长?因为我们接受的培训是探索复杂问题的微妙细节和影响,答案必须深思熟虑,再三思考,基于事实。这需要时间。"

总结。除非是现场直播的采访,否则很少有采访不以记者问"有什么我没问到的吗?"或者"你还有什么想补充的吗?"作为结束语。答案是肯定的。即使你已经覆盖了所有内容,也可以利用这个机会重复或强调你最重要的观点。在与记者交谈几分钟后,你可能已经结结巴巴地回答了一个问题,这是你让回答更巧妙或简洁的机会。这也是纠正先前陈述或给谈话带来更多信息的机会。

采访在记者结束时才算结束。即使你认为采访已经结束,实际上并非如此。记者可能正在收拾笔记本,或者摄影团队可能正在断开设备,但是如果一个漫不经心的问题，询问你对参议员史密斯或143号提案的看法，可能都会让你措手不及，导致回答考虑不周。采访直到和你握手告别离开才算真正结束。再次强调，这并不是说记者会利用采访来陷害你或歪曲你的意思，而是在采访中，你说的东西都会被记录下来，即使正式的谈话已经结束。

电台和电视采访

在参加电视和电台采访前，还要考虑另一个方面。特别是在电视上，你的外貌常常与你的发言一样重要。在广播中，你声音的力度、速度和语调可以影响听众对你的看法。在这些采访中（或在大多数采访中）并不需要完美，但你仍然要尽可能做好准备。

电台和电视采访通常是安排好的正反观点对话。你能否支持某种世界观，与持反对意见的人对峙？尝试预测对立的观点，你的准备应该包括应对其他观点。你的言行举止可能会被误解，因此当面临惊人的或具有攻击性的问题或言论时，要保持镇静，用你精心准备的措辞来回应，而不是靠声音或面部表情。

在镜头或麦克风前还有许多其他细节需要考虑，这些内容超出了本章的范围。以下是一些指南：

· 提前到达演播室，让自己冷静下来并适应周围环境。

· 用有力的声音传递自信，以适中、不紧不慢的语速讲话。

· 使用简短的句子，言简意赅。不要占用摄像机或麦克风。

· 展现出你的热情、兴趣和活力。

· 对于电视采访，穿着纯色服装，但避免全白色。不要有条纹、格子或分散注意力的设计，也不要佩戴大而浮夸的珠宝。

· 此外，注视记者或主持人，而不是摄像头。保持良好的姿势。你可以前倾，但不要无精打采或扭动身体。运用手势强调重点。保持冷静，避免手指敲击等紧张的习惯。

采访结束后

当采访真正结束后，立即跟进你承诺发送的额外信息。或者，你可能忽略了提及某些重要事项，或者在脑海中进行回顾时，意识到你提供了错误或令人困惑的回答。如果你纠正错误或帮助澄清了一个问题，记者肯定会感激不尽。

采访后的联系还可以确保记者正确地记住你的姓名、职位和组织。保留记者的联系信息和兴趣点，以便你可以发送关于即将进行的研究的提示。关注她的报道并发送有益的评论以加强信息来源和记者之间的关系。

你在最终报道中所占篇幅可能会很有限——可能只有一两个引用语或转述。尤其是在一般媒体中，预计会进行一些简化或压缩。大多数读者没有经济学博士学位，也没有能力来阅读研究方法的复杂解释。随着报道传播给成千上万甚至上百万的人，你在专业圈子和广泛公众中留下积极而有力的印象，这潜力是相当可观的。

138

专家指导

新闻记者丹·戈伦斯坦（Dan Gorenstein）曾在公共广播电台节目《商业界》（*Marketplace*）中担任"健康服务台"（Health Desk）的高级记者，持续报道医疗保健以及政策、资金和人员方面的跨领域研究。丹知道如何处理好麦克风，以及如何鼓励研究人员发表简洁而友好的陈述，以动听的方式阐述更大的故事。

在城市研究所的一个研讨会上，丹提供了以下有力的建议。

1. **背景信息**。你的工作通常适用于更大的研究范畴。将你的项目放在上下文背景信息中，并解释你的工作如何影响或促进公众当前的理解。记住要点：记者就像潜入小说中的读者，帮助他们跟上进度。

2. **核心观点**。将你的研究压缩成一个、两个或者三个对公众最重要的观点。

细节很容易让人迷失,特别是数字。这可能会让最勇敢的记者陷入困境,甚至会让你自己陷入困境。简化你的语言表达方式(而不是内容)可以帮助记者更好地理解你的专业知识,并将其传达给她的观众。

3. **表达清晰**。言辞很重要。确定重要的想法,然后用尽可能少的行话解释它们。使用例子,即使是假设,使用形象的比喻来传达你的内容。练习你的回答,拉一个人到一边,测试你对预期问题的回答或者你想要表达想法的方式。一个有效的策略是想出一个类比或以巧妙的方式来谈论你的工作。

4. **自然流畅**。最好的语录通常出现在正常对话中,而不是当某人试图说出口号时。如果你担心被误解,委婉地解释你担心自己没有表达清楚,并用不同的方式来解释。你是与记者交往中的专家,所以必要时要坚持自我。

5. **掌控局面**。你能控制的是确保你的表述清晰、简明和配合。练习回答问题,思考你的主要内容,认识到这个媒体的主要受众是谁。

6. **相信自己**。你是专家。这是一种荣誉,更是一种责任。

准备问题: 两个例子

要为采访做好准备,请和同事或媒体关系人员(如果有的话)扮演记者和研究员的角色。练习你预计会被问到的问题,以及那些你不希望被问到的棘手问题。

例如,在发布一份有关枪击案医疗费用[1]的研究之前,研究团队和我练习了以下问题:

1. 为什么要研究这个问题?

2. 为什么其他人没有研究这个问题?

---

1 由于美国经常发生枪击案,媒体和研究机构对枪击案的医疗成本会有各种研究。

3. 这个问题为什么重要?

4. 有哪些发现让你感到惊讶, 对于医疗保健提供者和政策制定者来说特别有意义?

5. 为什么这些发现很重要?

6. 这对医疗保健部门(例如医院、医生和护士)和政策制定者有什么影响?

7. 你有什么建议?

8. 受害者多为年轻人、男性和穷人。这是否具有特殊意义?

9. 你的论文意味着如果没有保险, 被枪击的人受到的医疗照顾会减少。是这样吗?

10. 你的研究横跨公共卫生和公共安全领域, 这些领域应该从这项研究中得出什么结论? 他们应该互相讨论什么?

11. 你还有什么问题没有得到解答?

你可以将这些问题作为框架或起点, 为可能不具备你所在领域专业知识的受众起草并完善有关你的研究的简明的答案, 以备不时之需。

再举一个例子, 我曾与一位研究人员合作, 探讨高成本报税主要集中在低收入社区的证据。我们练习了一组不同的问题:

1. 这个问题有多严重?

2. 报税行业有没有过欺诈、滥用和严重错误的记录?

3. 这个行业糟糕吗?

4. 税法应该承担多少责任?

5. 对于低收入家庭来说, 税季有多重要?

6. 人们为了准备报税需要支付哪些费用?

7. 为什么竞争在这种环境下不起作用?

8. 可以采取什么措施来改善这种情况?

9. 纳税日(4月15日)就要到了, 对于那些还没有申报的人来说, 他们可以做什么? 他们该去哪里?

在后文中, 我为你提供了一份清单, 其中包含了一些你应该准备的主要问题、接受采访的建议以及将它们整合在一起的策略。

总结

与媒体互动的研究员、学者和其他专家有机会吸引更广泛的观众了解他们的工作、分析和想法。但是, 接受采访不能随意, 而是需要集中精力、精心准备。采访也不应该被视为一次性的活动。利用它来培养与媒体的关系, 以便在未来成为资源。即使这次没有接受采访, 或者如果你接受采访但没有在最终报道中被引用, 总会有下一次机会、下一个故事、下一个问题。

即使你的工作不涉及与媒体互动, 你仍然可能会向同事、经理, 甚至思想领袖和政策制定者展示自己的研究。本章前面讨论的许多策略在这些情况下同样适用: 准备好你的工作和答案, 口齿清晰、语速缓慢, 可能的话重复问题, 在不需要时限制使用列表和行话, 找到你希望人们理解的核心观点。

本章中列出的工具和技巧将能够让你巧妙地向记者提供信息和见解, 而记者则可以将它们传达给受众。你的责任是认识到自己是专家, 记者来找你是寻求专业知识的。记者不会试图诋毁你或误引你的观点。他们是来帮助向读者、听众或观众解释问题的。

当准备采访或会议时, 确定你要传达的中心思想。为那些不是你领域的专家, 但想要了解更多信息的人, 练习并完善你的回答。与媒体合作是你分享见解、帮助读者和其他人分享相同经历, 并可能带来积极影响的机会。当你最终接受采访时, 要保持放松、面带自信、掌控局面, 并享受其中。

本章要点

·记者找你因为你是专家。他们希望从你身上学习，以便更好地引导他们的读者、听众或观众。

·确保你愿意并且有时间接受采访。你可能需要为此准备一些内容或者回顾一些你的研究。记者想寻求你的专业知识，所以请充分利用你和他们的时间。

·大声练习你的回答，最好是和能够提供有益反馈的人一起练习。

·大多数采访都以一个万能问题结尾，比如"你还有什么需要补充的吗？"这个问题的答案总是肯定的——抓住这个机会来纠正你可能在采访中犯的错误，或者完善之前的回答，让回答更简洁、有力。

成功受访者的清单

关键要点

☐ 你的研究中最有趣或最重要的两到三个发现是什么？

☐ 为什么它们很重要？

☐ 你有什么意外的发现吗？

☐ 有没有什么特别值得注意的统计数据？

☐ 你的研究和发现对政策有何影响？

采访技巧

☐ 自信一点

☐ 不要急，慢慢来

□ 用通俗易懂的语言表达

□ 简明扼要

□ 认真倾听

□ 不要害怕要求提问清楚

□ 不必回答每个问题或问题的每个部分

善于引用

□ 讲一个故事

□ 使用形象化描述

□ 强调突出的数字

□ 打破流言和误解

问题解答

□ "虽然我不是那个领域的专家，但我可以告诉你……"

□ "现在下结论还为时过早，但似乎很明显……"

□ "最重要的是要记住……"

保持简明扼要

□ "关键在于……"

□ "最重要的三个原因是……"

□ "总之……"

将以上结合起来

□ 当媒体要求采访时，要快速回应，即使是将他转移到另一个人那里

□ 思考你的要点

□ 使信息易于获得

□ 你是专家：你可以主导谈话

□ 说些与众不同的话

□ 练习，练习，再练习

案例研究：对政策建议的快速反应有助于精英媒体关系的养成

城市研究所的《安全网络切实可行倡议》(Safety Net to Solid Ground Initiative)阐述了组织如何与媒体合作，与政策制定者分享他们的见解并教育公众。该倡议旨在用基于证据的见解来回应有关制订安全网络计划（如补充营养援助计划，SNAP）的政策建议和辩论。该倡议已成为国家精英媒体以及地方和区域媒体的可信来源，这些媒体希望了解正在重塑社会保障网的重大政策变化的影响。

在其最初的一项分析中，研究人员审查了一项提案，该提案允许各州将工作要求作为资格条件纳入医疗补助计划(Medicaid)。在比以往任何时候都需要更快反应的媒体环境中，研究人员立即投入工作，研究了肯塔基州和阿肯色州的立法提案如何影响参保人员的覆盖率。他们对记者提问的迅速回应使他们得到了当地和全国媒体的报道，包括《纽约时报》《洛杉矶时报》以及肯塔基州和阿肯色州的媒体。

当美国众议院农业委员会提出一项农业法案，旨在加强 SNAP 计划中的工作要求时，研究团队预测了可能会因此失去福利的人数。研究人员在农业委员会投票前后抽出时间接受媒体采访，即使是在竞争项目截止日期造成不便的情况下。因此，他们在美国全国公共广播电台(NPR)、哥伦比亚广播公司新闻网(CBS News)和 CityLab 等国家媒体上获得了报道。研究人员与城市研究所的媒体团队合作，测试问题的答案，收集更多的背景信息和数据，并优化他们的核心信息。尽管这需要花费更多的时间，但额外的准备工作使采访效果更好，媒体报道更多。

《安全网络切实可行倡议》还因城市研究所每年一次的家庭物质困难和福利调查的发现而获得媒体报道。该调查发布的第一份报告提供了一个记者喜欢

的"引人注目"的统计数字：近 40% 的美国成年人在满足食品、住房和医疗保健等基本需求方面面临困难。美联社发布了这一令人震惊的发现，随后全国各大报纸纷纷发表了相关报道和社论，电视、广播和网络也争相对此进行报道。

《安全网络切实可行倡议》对政策提案的快速反应表明，花时间回应新闻周期中的话题有助于精英媒体关系的养成。

第七章

社交媒体建联目标受众

戴维·康奈尔/文　魏弋/译

社交媒体平台提供了和与研究相关的有影响力的
潜在受众进行私人或公开联系和交流的机会。

案例研究：利用推特提升专业研究

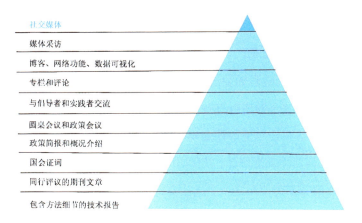

147

像推特、脸书和领英这样的社交媒体平台能够提供一种既私人又公开的方式，让你有机会与有影响力的潜在受众联系和交流。这些平台可以联系到任何人：世界各地的同事、你所在组织或其他组织的决策者、政策制定者，以及更重要的是这些组织的员工。这些平台能通过一对一对话的方式帮助用户建立私人联系，但也会让所有人都能看到用户正在联系——并可能影响——重要的利益相关者和思想领袖。

148

　　然而，使用社交媒体确实存在困难和风险，而且似乎很难突破。参与社交媒体对话似乎让人望而却步，且收获寥寥，尤其是在刚开始接触的时候。本章旨在帮助读者通过高效的方式参与社交媒体平台，同时不会分散其在现有工作上的注意力。简而言之，本章希望社交媒体能帮助你推进工作，而不是分散你的注意力。

使用社交媒体时需要考虑的目标如下：

·寻找有相同研究兴趣并能付诸行动的同行、思想领袖和变革者群体。

·获取包括博客推文、研究型论文、同行及其他专业人士的工作成果，以及与本人专业领域相关的可靠第三方新闻来源在内的所有内容。

·策略性地专注于一到两个具体的社交媒体平台，而不会使社交媒体的使用成为生活的负担。

·成为所在领域的可靠性信息来源，以友好的、高效的、有趣的方式参与到社交媒体中。

如果你在社交媒体上的经历仅包括在脸书上发布孩子或度假的照片，那么使用社交媒体来实现职业目标和进行内容共享可能会困难重重。尽管社交媒体在政策界和社会文化中不断盛行，但许多分析师和专家仍然觉得使用社交媒体是在浪费时间。本章旨在证明使用社交媒体能事半功倍。首先，我介绍了政策制定者和影响力者如何使用社交媒体，以及如何通过社交媒体帮助他人了解自己的工作。其次，我会解释如何使用三个主流社交媒体平台，即推特、领英和脸书，来帮助人们更好地宣传自己的工作并推动个人职业目标的实现。

149

使用社交媒体的原因

研究人员使用社交媒体有两个主要原因。首先，社交媒体已经成为实现全球对话的驱动因素。政策制定者，尤其是华盛顿的政策制定者会利用社交媒体公布重要决策。其次，社交媒体平台能够展现在线搜索结果，当同行、记者和政策制定者对你进行在线搜索时，你的存在感进一步凸显。

人们真的在使用这些媒体吗？

　　这也是内容作者对使用社交媒体影响政策制定者和决策者这件事最常提出的质疑之一。他们无法理解一条推特或领英帖子如何能被政策制定者所看到。

　　调查数据显示，社交媒体对政策制定者尤其重要。自2002年以来，《国家》杂志调查了大量"华盛顿内部人士"，包括美国国会议员、联邦政府高级官员、说客、研究人员、分析师和记者。这项调查完整深入地描述了这些决策者如何消费媒体以及被什么所影响。

　　这项2017年的调查（于当年5月至6月开展）显示，在"准备重大投票"时，社交媒体作为影响他人的来源得分很高，其他在这方面得分较高的来源还包括研究报告、新闻出版物和网站，以及信息图和其他图表。这些都可以通过社交媒体加以利用和传播。最新的调查还发现，华盛顿内部人士使用社交媒体非常普遍且由来已久，无论是出于私人目的还是专业目的。在受访者中，85%的人在过去六个月使用了脸书，79%的人使用了领英，65%的人使用了推特。

150

　　此外，许多人不仅在午休时间使用社交媒体，而且更是将社交媒体平台视为工作中的一部分。其中，51%的人表示社交媒体是"日常工作的重要组成部分"，29%的人表示他们依靠社交媒体来"帮助自己产生观点"。在美国国会议员中，该比例甚至更高：69%的人表示社交媒体是他们日常工作的重要组成部分，31%的人表示自己在社交媒体上的发现有助于自己形成观点。

　　由此可见，社交媒体已经成为华盛顿内部人士和政策制定者（尤其是国会议员）互相交流的过程中不可或缺的一部分。他们在社交媒体上收集信息、为决策提供信息，并说服其他人支持这些决策。如果你希望你的研究能影响这些决策，甚至能为州和地方的政策制定者、记者、研究人员或其他影响力者所见，那么参与社交媒体对话就越来越重要。

但这一切不都是假新闻吗？

有报告揭露，诈骗网站和社交媒体账户可能已经影响了2016年的美国总统大选，并持续传播虚假性和误导性信息。这个问题正愈演愈烈，使得社交媒体平台一直在努力监控平台上传播的信息，防止虚假性和误导性信息的蔓延。这对于社交媒体公司而言是一项重大危机，如果社交媒体想继续被视为有用的、卓有成效的工具，那么解决这一危机刻不容缓。

2017年《国家》杂志的调查结果已经表明假新闻现象的影响。与2016年相比，许多领域对社交媒体的信任度和使用率略有下降。一些社交媒体公司已经采取措施，删除了平台上的虚假性和误导性内容。州和联邦政策制定者也在考虑采取措施对该行业进行监管。由于这一危机牵连数十亿用户和美元资产，私营企业和政府可能会采取行动解决这些问题，并试图恢复人们对信息共享与使用的信任。

谷歌说你是谁你就是谁

除了影响正在进行的对话，社交媒体平台也极大地帮助别人在互联网上找到你。人们不仅可以在这些社交媒体平台上立即搜索到你，而且你在社交媒体平台上的表现也会影响并帮助提升你在谷歌主页上的形象与影响力。

在谷歌搜索结果中，如果你的名字排名靠前、存在感强，这对你的职业发展和影响力来说都是一笔宝贵的财富。当利益相关者、资助者或国会议员在谷歌上搜索你，发现你在搜索结果的顶部，并且多个页面提到你的名字，以及你在会议上发言的照片时，他们更有可能将你视为一个值得信赖的信息来源。

这同样适用于研究人员或学者。如果你正在一个会议上做报告，而你的同事想要更好地了解你的专业或阅读你的作品，一个全面的搜索引擎结果可以立刻为你赢得信誉。

社交媒体的个人资料——尤其是推特和领英——会被谷歌搜索引擎编入索引，会极大影响你在搜索结果中的出现方式。这是因为社交媒体平台被谷歌编入索引，并成为可靠的信息来源。谷歌并没有公布其在搜索结果中生成排名的算法，但我们知道以下因素对谷歌排名有积极影响：

- 一个维护良好、更新及时、附有照片的高校或机构个人简介页面
- 一个维护良好且更新及时的出版物页面
- 一个持续更新的博客
- 一个包含最新信息的领英账户
- 参与其他社交媒体平台
- 在上述主页和服务中使用一致的姓名和单位
- 尽可能多地将这些个人资料链接在一起（例如个人简介网页、推特个人资料和领英个人界面都应该互相链接）

152

谷歌倾向于一致性强、维护良好、经常更新且相互链接的内容。社交媒体账户，尤其是推特和领英，符合上述所有标准。

推特、领英和脸书：主流平台的概述

目前存在大量拥有数十亿用户的社交媒体平台（参见"其他社交媒体平台"），但只有少部分适用于与同事、政策制定者交流——尤其是推特、领英和脸书。根据《国家》杂志的年度报告，这三个最大规模的社交媒体平台是政策制定者和其他影响力者最常用的平台。

尽管出现在上述这些平台上看似有益，但只需要在其中一两个平台上保持强大的存在感即可。简而言之，表现得最活跃的平台应该是对自己吸引力最大的平台。在选择平台时往往会基于一系列标准，比如目标受众、网站（和移动应用程

序）功能以及在平台上反响较好的内容类型等。

其他社交媒体平台

并不是所有的社交媒体平台都适合分享发现。但随着技术的发展和人们与这些平台互动方式的改变，值得注意的是在未来几年里，还有大量其他的平台可能会发生改变或更受欢迎。

YouTube（"油管"）是一个视频分享平台，用户每天在该平台上观看数十亿小时的视频。YouTube可以帮助你分享、传播自己演讲或参与活动的视频。用户还可以设置一个频道来管理视频合集，例如特定的教程或教学视频。

以"互联网的首页"自称的Reddit（红迪网）是社交新闻站点，人们可以创建或加入名为subreddits的论坛来分享资讯和内容。Reddit在互联网上涉猎甚广，你很可能会找到一个与自己工作相关的"subreddit"。该平台可能不适合社交媒体新人，但对精通社交媒体的达人来说大有用处。

Instagram（照片墙）和Pinterest（拼趣）等图片分享平台有望分享视觉型的研究内容。例如，在Instagram上，用户发布图像、照片和视频，就可以用它们来实现数据可视化、展示幻灯片或演讲活动的图像。最近，用户开始在Instagram上写"长篇配文"，分享与发布的照片有关的故事和见解。

Messenger（飞书信，曾经是脸书的一个工具）和Snapchat（色拉布）这样的通信工具可能不是人们当前分享工作内容的地方，但这些工具在未来的使用方式上可能会有所不同。此外，一些平台在不同国家的受欢迎程度各异。比如微信和QQ在中国非常流行，Line（连我）在日本很流行，Viber（维柏）在东欧很流行。

加入推特浪潮

推特是最令人困惑和被人误解的社交媒体平台之一。其深奥的命名（推文、帖子、回复、@用户名称、标签）以及不能超过140个字符的陈旧规则让推特对于不熟悉它的人来说，拥有相当高的准入门槛。然而，正如《国家》杂志的调查所显示，它是决策者中最受欢迎的平台之一。　　154

推特到底是什么? 从本质上讲，推特是一个实时网络，用户可以在时间轴上发布更新内容（推文），任何访问个人首页的人都可以看到推文。其他用户可以对这些推文发表评论，或将它们（有评论或没有评论）转发到自己的时间轴上。推文可以只是文字，也可以包含网页、照片、图片或视频的链接。推文目前的上限是280个字符，用户可以将推文"串联"在一起，分享多个内容或同一主题的更多想法。

这条来自城市研究所2018年8月的推文包括一个简短的描述和一篇博客文章的链接。

推特账户默认的隐私选项是公开的，因此任何访问推特个人首页的人都可以看到他们的所有推文。此外，推文通常嵌入在新闻故事和博客文章中，为故事提供背景或感情色彩。推特用户可以将自己的账户设置为私密，并规定谁可以查看他们的推文。在这种情况下，用户必须申请获取查看推文的权限，这会严重限制推特账户的观众面。

推特有什么好处？ 那些没有使用过推特的人通常会说"人们怎么会想知道我午餐吃了什么？"这种印象究竟来自哪里我们无从知晓，但可以确定的是推特的主要用途是与一群有相似兴趣的人分享信息，并就这些信息进行交流。

推特的常见用途包括：

· 与记者、同行和其他影响力者保持联系

· 紧跟你所在领域的新闻和信息

· 将自己定位为所在专业领域有趣、相关内容和分析的管理者

· 推广你在自身领域的相关工作

· 推广值得信赖的同事在你所在领域的相关工作

· 优化在谷歌和其他搜索引擎中的个人资料

对研究者来说，典型的平台互动模式是发布一条能够链接到一篇文章或博客帖子的推文，在这个推文里提及一位记者或同事，然后共同开展围绕这篇文章或博文的讨论。最好的情况是这种互动让记者在新闻报道中使用该研究，或让同事在工作中引用该研究；理想的情况是研究人员在推特上发布新闻报道或同事工作的链接，形成推广和互动的社交圈。由于推特是一个开放的社交网络，其他用户能够浏览、转发或评论这些推文。

如何开始使用推特？ 和所有的社交网络一样，第一件事就是开通一个包含本人姓名、个人简介和头像的账户。推特还允许用户在个人简介中添加链接，链接到自己所在组织的简介、博客或出版物列表都是很好的选择（记住谷歌在寻找什么）。

推特还要求人们选择一个用户名，也就是既可以出现在你的推文中，又可以让人们用来提到你的用户名——出现在@符号后面的名称。有的人可能会想使用一些异想天开或比较私密的用户名，比如"@胖乎乎的老公42"，但是如果你使用推特是出于职业目的，就应该避免使用这种类型的用户名，因为没有人想和"@胖乎乎的老公42"谈论种族贫富差距。因此，最好使用自己的全名（例如"@davidconnell"）或全名的一些变体（例如"@dconnell"）。如果不想使用自己的名字，那么选择与自己工作相关的用户名也可以，比如"@socialmediadave"。

下面是一个设置好的推特账户界面示例：

2019年的推特个人首页示例

这个账户界面有一张辨识度高的照片、一份清晰的个人简介和一个可访问外部网站的链接。乔纳森还将一条重要的推文在页面"置顶"，这样他的新"粉丝"就可以看到这篇推文的全部内容。置顶推文可以把重要的推文放在个人首页的顶部，即使用户继续发布更多内容也不会受到影响。

相反，下图显示的个人首页不包括照片、简介或全名。这个账户显然不是出于职业目的而设立的。

2019年的推特个人首页示例

　　设置好个人资料后，下一步就是内容的分享。用户可以分享自己正在阅读的
内容、自己的博客文章和研究论文、与自身领域相关的新闻故事，或者同事和合
作者的著作等链接。任何觉得有趣或者认为别人也会觉得有趣的内容都可以是
分享的素材。发布推文的时候试着提到分享的那篇文章的作者用户名（如果他们
也有推特账号的话），分享其他用户的推文（也就是转发）是为自己的推特生成内
容和信息的另一种方式；可以简单地转发一条现有的推文，或者在转发中添加一
条评论，给出自己简短的观点、认可或批评。

　　带有图片的推文通常比只有文字的推文更加吸引人。大多数新闻文章和网
站现在都使用"推特卡片"，它将自动在推文中生成视觉元素，而不是简单的文
字链接。例如城市研究所之前的推文是用一个简单的URL（统一资源定位系统）
写的，但推特在发布时自动将其转换为图片。分享图表和动图（一系列图像拼接
在一起，形成动画）、短视频和其他有趣的视觉内容总是能形成很棒的推文。

　　每次你在推特上提到一个用户名、转发一些内容、评论一条推文或者参与
一个对话，都是在让人们知道你在推特上很活跃。如果他们对你分享的内容感兴

158

趣,就会关注你,你的社交网络也就会扩大。从本质上讲,你在推特上越活跃,获得的"粉丝"就越多,影响力就越大。

话虽如此,有些人仍然不愿意向推特贡献内容,这是完全可以理解的,如果使用不当,社交媒体可能会引起尴尬、骚扰、上瘾等情况。了解推特的一种方法是将其作为一个实时图书馆或信息流,用户只需关注那些想要从他们那里接收并查看内容的出版物和人物,这将确保用户不需要在生成原创内容的情况下直接体验推特服务。

一旦用户准备好分享内容,就可以开始发布自己的作品和想法,或者分享其他人发布的内容。在开始积极关注别人之前,请确保自己至少有20~30条推文,因为如果想要建立一个良好的工作体系,就需要让潜在"粉丝"看到你是活跃的、是可以分享趣事的。一旦有了一定的推文数量,就可以开始关注其他人,这是建立社交网络的最佳方式。

下面介绍一个推特使用不当的例子。几年前,我收到一封来自一家专业机构的电子邮件简报,这家公司的新任首席执行官即将通过加入推特来与同事、委托人和公众更好地交流。这封简报承诺这位新任首席执行官将发布引人入胜、发人深省的推文,但当我点击他的推特首页链接时,我发现他的个人首页上没有任何推文。我没有关注这位新任首席执行官,到现在也不知道他有没有发表过什么有趣的观点。

找到可关注人群的最好方法是调查自己目前的职业网络,看看职业网络中的人们是否使用推特,并关注那些使用推特的人(他们会收到你正在关注他们的通知,然后可以回关你)。这将创建一个很可能支持你并帮助你在平台上成长的初始网络。同时你也应该关注那些在你的工作领域赫赫有名的人,尽管你可能不认识他们。另一种寻找关注对象的方法是推特的"关注谁"推荐引擎,它会跟踪用户关注了谁、发布了什么和提到了谁,然后推荐志同道合的账户。

尽量保持关注与被关注的人数比例合理。如果只有5个人在关注自己,就不

159

要关注5000个人，因为这会让人觉得你发布的内容无法引起别人的兴趣。不要对自己的"粉丝"量焦虑，拥有120个在你所在的专业圈子、对你的工作内容感兴趣、有影响力的优秀"粉丝"，远比拥有1200个只对你不关心的问题争吵或八卦的"粉丝"要好。

让账户更上一层楼。在建立了自己的推特账户、熟悉了发推文的规则、关注了一些账户、拥有自己的核心"粉丝"之后，这时就需要让自己的平台账户进入下一个阶段。下面是一些可以尝试的方法。

·**突出个性。**虽然开设账户的主要目标是推广和分享工作和影响政策，但有时也需要劳逸结合。可以谈谈自己的个人兴趣和爱好，这将有助于他人在更私人的层面上与你建立联系。

·**下载移动端。**推特是一种浏览新闻的好途径，可以在休息期间阅读并回应一些有趣的内容。在手机上安装这款应用程序可以让自己在推特上更活跃。

·**早发常发。**一个理想目标是每天至少发2到3次推特。当你在工作时，这可能会很困难。为了让发推特的频率更规律，你可以使用第三方服务来为你存储推文并全天发布。通过这种方式，你可以在早上阅读的时候创建推文，并在一天中自动发布。推特的Buffer、Hootsuite和TweetDeck等多社交平台管理工具都会提供免费工具，允许用户安排后续发布的推文。

·**实践创新。**尽管推特固有的字符计数可能会让人觉得是一种障碍，但有很多方法可以进行实验和创新。回复、图像、轻松包含动图和视频的功能，以及推文的线程功能为用户提供了更自由地表达自己的可能性。一系列的推文帖子一起给用户提供了很大的灵活性，可以在推特上发挥创造力。例如，约翰斯·霍普金斯大学生物统计系助理教授斯蒂芬妮·希克斯（Stephanie Hicks）的这条推文，只是她在2019年3月发布的一系列推文中的第一条，内容是关于她刚刚发表的合著论文。

160

来源：经斯蒂芬妮·希克斯许可转载。

建立有效的联系。关于推特的一个常见误解是它主要甚至完全是被动的信 161
息来源：用户在推特上发布链接或内容，其他用户阅读与回应这些内容，如点赞
或转发，但是缺乏进一步互动。尽管这肯定是一个用例，但它并不是平台的最佳
用例。

当推特用户与其他用户互动、评论他人内容并直接与其分享内容时，推特的
工作效率最高。对于那些希望通过研究影响政策的人来说，以公开的方式直接在
推特上吸引适配用户可能非常有效。

下面是一些基于现实场景的例子：

·**接触影响力者。**贝丝是非营利领域一位有影响力的思想家，她发布了一篇

关于经营小型非营利组织的知名博文，经常在非营利组织会议上发言，并为非营利组织读者提供咨询。玛丽是一名非营利研究人员，她在一份关于管理启蒙教育方案的新报告中使用了贝丝的一些成果。报告发布后，玛丽发了提及贝丝的推特（提到了贝丝的推特账户以便她收到通知），告诉她有关研究的情况。两人在推特上讨论了这篇论文，贝丝写了一篇关于这项新工作的博文，将玛丽的报告传播给大量小型非营利组织的专业人士。

·**与记者互动**。达拉是一家每日新闻网站的移民政策记者，该网站报道社会政策，拥有大量有影响力的受众。玛丽亚是一名移民研究员，她发表了一篇关于第三代拉丁裔移民进程的新论文。当她的论文发表时，玛丽亚在推特上发布了一篇论文链接和她的主要发现。达拉读了这篇论文，下载了一些令人信服的图表，并通过推特的直接消息系统（私人消息系统）与玛丽亚交谈。达拉写了一篇文章，引用了玛丽亚的言论，将玛丽亚的研究传播给成千上万的读者。

领英：打造内容的专业场所

162

领英已经存在了足够长的时间，我想你对它的基本规则并不陌生：创建一个个人首页、一份在线简历，与同事联系，并在他们得到新工作时接收更新。这个基本功能在寻找新工作时很有价值，但并不会要求你返回来跟同事交流。

几年前，领英开始添加其他功能，允许用户创建、加入专业群组并进行互动，这使得进一步的社交成为可能。最近，领英引入了一些新功能，允许用户将其他网站和博客的内容发布到自己的领英页面上，与此同时领英还创建了一个编辑器，允许用户在领英平台上创建简单的博文。

这些变化使领英成为一个更具互动性的平台，用户可以在这里创建内容并与他们的专业同事分享内容和观点。这些功能，加上脸书日益个性化的特点，意味着领英现在被广泛视为与同事和志同道合的专业人士建立联系的地方。以城市研究所为例，从2016年开始，我们可以看到来自领英的网站流量显著增加。同样，所里的研究人员发现目前的网站流量大部分来自领英。

领英的社交订阅源（Feed）页面实际上是主页，功能类似于脸书的动态消息（Newsfeed）。这一页面包括个人照片、文章、本人网络中创建的链接以及热门故事（当然，这些内容的组织方式在不同的时间点已经发生了变化，并且肯定会再次发生变化）。同时页面也有空间可以分享一段内容或发一篇博客帖子（"写一篇文章"）。这提供了一个很好的平台，使你可以分享自己的研究的链接；如果你没有博客，在这个平台上创建博客也是一个明智的选择。

163

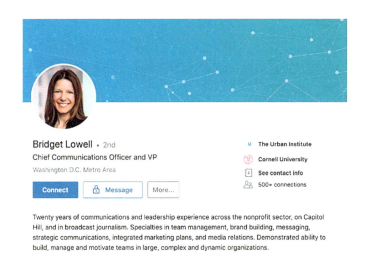

Bridget Lowell · 2nd
Chief Communications Officer and VP
Washington D.C. Metro Area

U The Urban Institute
Cornell University
See contact info
500+ connections

Twenty years of communications and leadership experience across the nonprofit sector, on Capitol Hill, and in broadcast journalism. Specialties in team management, brand building, messaging, strategic communications, integrated marketing plans, and media relations. Demonstrated ability to build, manage and motivate teams in large, complex and dynamic organizations.

2019年的领英个人资料页面示例

在领英上发布内容和与用户互动的规则与推特基本类似，只是在领英上更需要专注于自己的原创内容。在推特上，从原创内容的数量来看，用户的许多消息都是与所在领域相关的其他用户的内容链接。如果有足够的原创内容，你可能会希望自己的原创内容和分享其他人的内容在数量上达到1:1均衡。需要强调的是，推特有时是以数量为重，所以也需要管理其他人的内容。这两种策略都将有利于成为相关内容的管理者。在领英上，重点是要分享自己独特的专业知识和见解，所以需要专注于原创内容，创建博文，或分享提及你或引用你作品的新闻文章。

当考虑自己在领英（或任何社交媒体平台）上的表现时，请遵循以下原则来保持发声与形象：

- 彰显自己所在领域的观点、优质原创概念、幽默感和专业知识。
- 磨炼洞察力、思考力、表达力以及专业度。
- 慎重斟酌自己关注的对象和自身定位，参与交流互动。

164

在领英上建立联系

与许多社交媒体工具一样，人们在领英上的联系方式也随着平台的发展而发展。在早期的"在线简历时代"，大多数用户只拥有强联系——他们只与那些有专业或私人关系的人联系。有一个经典笑话：当你收到某人更新领英页面的通知时，你知道他正在找新工作。

随着领英的发展，其拓展了更多发布内容和互动的方式，人们相互交流的方式也发生了变化。现在，在领英上关注与自己关系不太密切但有共同职业兴趣的人是很常见的。关注某人后，他的内容会显示在自己的订阅源中，这样就可以了解他发布的内容。同样，你不认识但与你有相同职业兴趣的人可能会在领英上关注你，这样他就可以在他的订阅源中看到你的内容。这种"粉丝"动态与推特类似。

有一种可能是你在拥有领英页面后并没有不定期地更新或发布内容，却拥有数百个关系稳固的联系人。如果是这样的话，那就有必要重新访问你的领英页面，更新个人资料，并开始与现有的联系人分享内容。如此，你可能会发现自己所在领域的其他专业人士能够搜索到你发布的内容并开始关注你，与你分享内容。

在领英上分享内容

领英允许用户通过社交订阅源分享链接、图片、视频或发布博客文章，还允许用户在帖子中"标记"领英用户，这样他们就会收到你发布帖子的通知（你可以设置允许或不允许评论）。与推特的基本操作不同，领英的内容有不同的隐私设置，每当你向该平台发布新内容时，都可以进行选择和设定。

在领英上分享的内容类型应该与在推特上分享的内容大致类似：着眼于专业性的内容，这些内容会让其他研究人员、政策制定者、记者和影响力者感兴趣并深受启发。我建议，使用领英时的一个主要区别是用户分享的内容仅限于与自己或与自己的工作、著作相关的内容。从本质上讲，领英仍然是一个专业的简历构建者，所以发布的内容应该能够直接展示自身的专业知识和工作情况。例如：

·你在期刊或其他网站上在线发表的研究的链接（记得标记拥有领英账号的所有合作者）

·你撰写的博文或文章的链接，记得标记所有合作者或编辑

·提到你或引用你著作的新文章的链接

·即将出席的会议、活动、研讨会或网络研讨会的链接

·展示你或你工作内容的视频

·一篇基于你的工作、观察、全新政策规划或近期参加会议的笔记的博文

分享这类丰富多样的职业内容将有助于打造用户在领英上的个人资料，提升用户在搜索引擎结果中的价值，并帮助用户与其他分享本人专业知识的领英用户建立联系。

脸书：创建群组

最后一个社交媒体平台是三个平台中最大的、拥有超过20亿注册用户的

平台。脸书上的联系是"强联系"——朋友和家庭成员，而推特和领英是"弱联
系"网络，更可能由专业组织甚至不认识的人组成。因此，我不推荐用脸书来建
立职业关系，因为脸书的网络往往是由各种各样的"强联系"社会群体——家
庭成员、现在的朋友、以前的高中和大学朋友、同事（现任和前任），以及介于上
述之间的一切——组成的。这些社交团体主要分享私人内容，形式包括家庭照
片、聚焦政治的新闻故事、政治迷因、体育故事、爱好信息，以及介于上述之间的
一切。

　　然而，我确实认为脸书小组是一种使用脸书来建立一个由研究人员、学者和
思想领袖组成的专业社区的方法。脸书群组的运作方式与无处不在的脸书主页
相同，允许用户连续发布内容，并围绕这些内容进行讨论。最主要的区别是，脸
书的群组允许你邀请特定的人，群组人员可以从你的亲戚朋友中剥离开来。在脸
书的群组里，你可以邀请同事分享和讨论各自的工作，而不受朋友最近露营旅行
照片的干扰（我的建议是创建一个非公开群，经群管理员批准才能入群）。脸书
群组是与你现在认识或想要认识的同事建立更紧密联系的绝佳方式，甚至可能
会在上面找到一个新的研究伙伴。

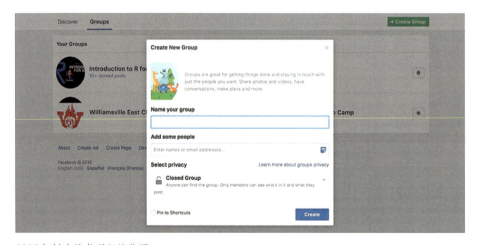

2019年创建脸书群组的截图

你应该邀请谁加入你的群组以及你应该发布什么内容？

167

邀请你认识或想要认识的专业同事加入你的群组，这些人应该是你想在会议上与之一起讨论自己工作的人，因为这本质上就是你在团队中需要做的事情，让团队通过人际关系从小规模开始逐步发展壮大。如果你邀请了十个同事，而且讨论很活跃，内容很丰富，那么这些同事都可能想邀请其他成员。作为群组管理员，你始终可以控制允许谁进入群组。

你应该在你的群组中发布什么类型的内容 ？

你在群里发布的内容可以是你同事感兴趣的任何专业内容。同样，群组的核心理念是让大家围绕专业内容互动，所以当你发布内容时，也可以提出问题并尝试引导交流。管理一个蓬勃发展的脸书群组可能会花费一定的时间，但也会有所回报。你应该尽可能多地挑起话题，让尽可能多的人参与进来。随着团队的发展和参与，整个团队都会共享工作，所有成员都会共享内容，开展对话。

社交媒体与个人健康安全

虽然社交媒体是一个与同事联系的好工具，可以让决策者和思想领袖了解自己的工作，但当人们需要完成工作时，它也会使人分心。在极端情况下，社交媒体会损害心理健康，让一些人受到威胁和骚扰。

社交媒体网站会让人上瘾

很显然，使用社交媒体可以形成习惯。一些研究表明，用户可能会对社交媒体上瘾，类似于药物滥用和行为成瘾障碍。也有充分证据表明，社交媒体公司通过一些设计上的技巧和用户体验方面的技术，让用户流连于网站和应用程序，并尽可能长时间地停留。据英国伯恩茅斯大学数字成瘾小组的研究人员称，这些技巧包括：

168

·**稀缺性**：当一个社交媒体帖子只能在短时间内（比如Snapchat）阅读，或者像推特上的帖子那样被用户"实时"快速划过时，就会出现这种情况。稀缺性会让用户回到网站或在网站上滚动浏览，这样他们就不会错过所显示的内容。

·**认同感**：在社交媒体平台上，点赞、转发和关注者/朋友数量的盛行为用户提供了一种（有时是空洞的）受欢迎和被认可的感觉。这可能会导致用户为了"追求数字"使用耸人听闻的标题，而不是分享真正有价值的内容，这也会让用户想花更多时间在平台上，以追求认可。

·**个性化**：随着用户在社交媒体平台上分享和点赞的内容越来越多，这些工具的算法会更加了解用户，并越来越多地提供个性化内容或推荐的关注。这些内容是为用户量身定制的，所以可以让用户在平台上停留更长的时间。

·**互惠性**：当用户邀请并积累更多好友时，平台会以分数显示其在网络上的受欢迎程度，鼓励用户继续使用这些平台。平台上朋友的不断积累也会让人流连忘返。

管理社交媒体使用

如果你发现自己在社交媒体上花费了太多时间，可以参考如下策略更明智地管理时间。

·**删除手机上的社交媒体应用**。就像社交媒体应用一样，使用智能手机也易养成习惯并使你不断流连。如果你发现自己在手机上花了太多时间，就删除手机上的社交媒体和应用程序吧。你仍然可以通过Buffer这样的应用程序在社交媒体上发布有趣的文章，但不会忍不住持续查看、滚动、浏览这些内容。卡尔·纽波特（Cal Newport）在《数字极简主义》（*Digital Minimalism*）一书中建议"有意识地、积极地清除低价值的数字噪声，并优化对真正重要的工具的使用"。

·**使用"苹果"手机的屏幕使用时间（Screen Time）等监控应用**。这些应用程序可以监控人们花在手机上的时间。你可能会对自己花在手机上的时间感到震惊。一旦你知道了这些数字，了解什么占据了自己的时间，就可以开始减少自己的手机使用量了。

·**使用网站拦截器来集中注意力。**当人们在台式机或笔记本电脑上工作时，轻轻一点就可能会跳转到一个社交媒体网站，从而导致你接下来几小时内无心工作。为了保持注意力集中，你可以使用一系列网站屏蔽浏览器扩展包，如StayFocusd、WasteNoTime和RescueTime，它们会阻止你访问特定的网站。

·**将社交媒体视为一项任务。**不使用外部工具管理社交媒体的一个好方法是简单地将社交媒体视为一项工作任务。也就是说，在工作日中留出一个固定的时间来更新和浏览你的社交媒体账户——午饭前、午饭中或午饭后都是不错的时间，也可以使用"社交媒体休息"作为完成既定任务的奖励。

社交媒体骚扰

不幸的是，使用社交媒体也可能意味着让自己更容易受到骚扰。如果你正在谈论政治敏感或有争议的话题，这一点尤其明显。社交媒体允许政治观点过于强烈的人躲在屏幕后面发出威胁或骚扰对手，而不用担心被报复。女性和少数群体更有可能成为攻击目标。

如果你在社交媒体平台上被骚扰，你应该立即采取以下措施：

·**不要回应。**一般来说，回应网上的骚扰只会导致骚扰的升级。有时候，回应甚至会刺激其他人加入骚扰行为。

·**向平台举报霸凌行为。**社交媒体设置了关于骚扰的规则，举报骚扰可能会使该用户被平台封号。举报骚扰通常就像举报冒犯性社交媒体帖子一样简单。

·**屏蔽用户。**如果某个特定用户反复骚扰自己，用户应该继续向公司举报这种霸凌行为，并阻止该用户查看自己的社交媒体资料或与你的账号互动。用户不会知道他们被屏蔽，但他们无法在平台上看到你的内容或个人资料。

·**采取更广泛的行动。**如果用户在多个社交媒体平台或渠道被骚扰，就应该记录下这种行为，并向在线服务提供商举报，在某些情况下，还应举报给执法部门。美国政府网站上有举报网络骚扰的通道。

·**寻求支持**。网络骚扰会给人们的情绪造成伤害，带来不必要的压力。如果大家在遭遇网络骚扰后感到无助，可以去很多平台寻求帮助，比如HeartMob，这是一个在线社区，面临骚扰和霸凌的人可以聚集在一起互相支持。HeartMob还提供多个工具，支持人们跨平台举报网络暴力。

智者积力而声振屋瓦

使用这些社交媒体策略能增强你的发声，接触到你在"现实世界"中无法接触的同事，并直接与记者、政策制定者和其他基于你的研究为其工作提供信息的群体联系。然而，仅仅通过建立一个推特、领英或脸书的账户是无法达到这种效果的——你必须以战略性的方式使用这些社交媒体工具以增强发声。

正如金字塔图所示，成功的社交媒体推广活动始于扎实的基础研究。沿着金字塔往上走，你（以及媒体团队，如果你有机会接触到的话）可以利用通信工具和平台，将分析结果推送到那些可以使用这些研究的人面前。

要想登上金字塔的顶端让社交媒体成为你沟通策略的一部分，大致有四个重要步骤。第一，围绕重大问题、当前新闻关注焦点或结论出人意料的领域开展深入研究。第二，利用这些研究来创建一个通俗易懂、视觉效果具有趣味性的交流项目。这个项目可以是通过故事探索研究的叙事专题，也可以是博文，还可以是交互式数据可视化。第三，利用报告和沟通产品开展传统媒体推广工作，向记者展示如何做到这一点（参见第六章）。第四，通过强有力的社交媒体策略加强媒体推广，以促进深度工作、传播产品、媒体推广产生的任何新闻文章的传播，以及有影响力的研究人员、决策者或记者在社交媒体上的任何提及。

总结

对于那些想要通过自己的努力接触更广泛的受众群体,将信息传达给思想领袖并影响地方、州或联邦层面政策决策的人来说,仅仅发表研究并依赖传统媒体已经不足以冲破现有媒体环境的桎梏。好消息是,像推特、领英和脸书这样的社交媒体平台可以让你直接接触到同行以及你想要影响的人。你不用再指望同行、记者、政策制定者或变革者发现并阅读你的作品,现在你有能力与他们直接公开地接触。

创建和管理社交媒体无疑增加了额外的工作量,但一旦奠定了基础,参与和使用社交媒体的效益就会十分显著,它可以提升工作成果的价值和影响力,将你与同事联系起来,否则你将无法建立起重要的受众群体,也无法为自己的思想和观点提供一个趣味性和创造性兼备的输出端。

本章要点
·社交媒体有助于与同事、记者和政策制定者直接建立联系,他们可能会对你的工作或著作感兴趣。 ·确保制定一个详尽策略,规划如何基于社交媒体或其他工具向目标受众推广自己的工作成果。 ·社交媒体的成功不会一蹴而就,坚持不懈才能建立强大而有影响力的形象。 ·没有必要在所有社交媒体平台上都保持专业方向上的活跃。尝试寻找一个自己喜欢的平台并在上面建立自己的形象。

案例研究：利用推特提升专业研究

马修·钦戈斯(Matthew Chingos)，城市教育数据和政策中心的主任，几乎每天都会抽出时间发推特，内容可能是他本人研究的链接，也可能是其他单位相关学者的成果，或者是他上班路上的照片。

钦戈斯(@chingos)的推特"粉丝"数超过6000，以名人的标准来看可能不算多，但在研究领域，他建立了一个强大的社区，囊括了对教育政策领域感兴趣的学者、研究生和媒体专业人士。尽管他保持着专业的形象，但他并不害怕在平台上开玩笑或以更随意的语气表达。

大约十年前，钦戈斯在创建自己的推特账户时并没有制定明确的策略。但他发现，他发布的推特数量越多、关注教育政策领域的用户越多，他的参与感就越强。"这需要耐心，你必须坚持不懈地使用它。但你可以从推特上得到一些东西，"钦戈斯说，"你可以和与你互动的那些人共建一个社区。"

钦戈斯能吸引更多用户参与的一个关键因素是他并不只在推特上发布自己的作品，还会重点介绍其他机构的出版物，并提出他对教育政策领域新研究、新发展的看法。

除了在教育研究领域获得更高的知名度，钦戈斯还利用他在推特上的强大影响力来促进他的工作。2018年至2019年期间，城市教育数据和政策中心推出了他们的教育数据门户网站。这是一个在线工具，旨在让记者、利益相关者和其他研究人员更容易获得教育数据。当网站更新门户信息时，钦戈斯会让其推特"粉丝"了解更新内容。

知名记者和研究人员经常在推特上向他介绍自己如何使用门户网站，这证明了目标受众认为门户网站很有用。当门户网站进入测试阶段时，钦戈斯在推特上呼吁人们进行试用并提供反馈。他很快就收到了对教育数据感兴趣的同仁的

反馈,如果没有推特,他可能无法通过冷冰冰的电子邮件和其他传统渠道接触到这些人。

钦戈斯还使用推特来推动活动注册,并引起人们对城市研究所的其他关注。他还与那些围绕研究提出实质性问题的人进行交流。关于教育政策的讨论有时会引起争议,但钦戈斯避免在平台上发生冲突,以保持专业但平易近人的形象。

钦戈斯已经证明,使用推特建立专业联系、实现自我宣传、推广研究成果,可以帮助自己塑造教育政策专家的形象,并为更广泛的研究领域做出贡献。他的案例还表明,从关键受众那里获得反馈是另一种充分利用强大社交媒体品牌的形式。但他的推特也不全是工作上的内容;钦戈斯也会分享个人故事和经历,以便更好地与推特关系网中的人保持联系。

第八章
多元融合再创新

凯特·比利亚雷亚尔 / 文　席玥　雷媛 / 译

如果你在脑海中对一项具体计划及其实际影响都
没有概念，那么你的成果很有可能会被相关人士
所忽视。

案例研究：优秀传播团队的组织结构和工作流程

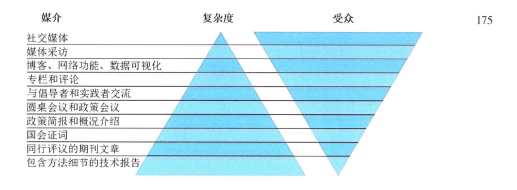

媒介	复杂度	受众
社交媒体		
媒体采访		
博客、网络功能、数据可视化		
专栏和评论		
与倡导者和实践者交流		
圆桌会议和政策会议		
政策简报和概况介绍		
国会证词		
同行评议的期刊文章		
包含方法细节的技术报告		

175

了解所有富有创意的传播工作的方式后,你可能想立即开始创建精致的图表、吸睛的博文和精妙的推文。你自然会被手边最有趣的任务所吸引。但如果你能退后一步,思考一下你要实现的目标以及如何实现,这对你的工作将产生更有益的影响。换句话说,你需要制订一个计划。

176

本章将讨论如何建立一个全面的沟通策略,将前几章的经验整合为单一的、有重点的计划。除了产品与策略,传播方式也需要花时间来规划,这么做主要有三个好处:第一,它将帮助你为传播研究设定明确的目标。第二,它将帮助你最有效地利用资源。第三,它将帮助你了解你的策略是否成功。

我们将逐步介绍"政策影响计划"工作表，你可以在本章末尾找到。

误区：成果在手，受众自来

城市研究所早期犯的错误之一是过于相信自己的研究产品，认为受众会理所当然地关注它们。该错误本质在于过于沉迷研究"亮点"，导致在这方面投入大量的时间和资源，而没有时间来规划和推广这项研究。

例如，研究人员通过撰写报告，展示某一项突破性的新政策见解。他们甚至可能会付出额外的努力，花费数月时间制作一份精美的交互式地图，让用户深入了解世界各地的数据。早期的城市研究所认为这般史无前例的创新成果必然会受到关注，所以，我们把报道和地图贴在城市研究所的网站上，以观后效。

不幸的是，由于没有进一步的推广和分享计划，报告中的见解很难传达给我们网站"常客"以外的人群。如果忽视成果的规划和推广，就会错失与本可以利用这项成果来制定影响民生的项目或政策的负责人联系。

从目标出发   177

与战略规划练习一样，良好的沟通计划都是从明确目标开始的。

政策影响计划模板

计划：＿＿＿＿＿＿＿＿＿＿＿＿＿＿＿＿＿＿＿＿＿＿＿＿＿＿＿＿

目标：＿＿＿＿＿＿＿＿＿＿＿＿＿＿＿＿＿＿＿＿＿＿＿＿＿＿＿＿

通过分享你的研究，你最终希望达到什么目标？一些示例目标包括：

·为当前的联邦政策辩论提供信息，如医疗改革、移民政策或基础设施支出。

·成为媒体在某一特定问题领域的首选来源。

·展示一个行之有效的项目模式，并实现推广。

这是你退后一步、抓住机会的好时机：**你真正想要完成的是什么？**

对部分人来说，明确研究目标可能比撰写原始研究论文更具挑战性。如果你发现自己在面对远大抱负时难以思考，那么我建议从细微之处着手。

你的研究不需要立即改变世界，但如果它要在学术界或你的圈子外产生影响，那么你的目标可以是将成果推送到最有需要的少数目标群体（两三人）面前，并促使他们采取行动。

记住要设定可实现和可衡量的目标。在传播工作完成后，总结回顾并判断目 178 的是否达成。

确定关键受众

接下来，你该考虑谁需要看到你的研究，并最终落实行动以实现你的研究目标（参见第二章关于拓展受众的内容）。

确定你的关键受众。谁会从学习你的研究中受益？

受众甲 _____

受众乙 _____

受众丙 _____

虽然你希望研究成果能够广为人知，但这并不是一个现实的目标。相反，考虑谁会成为你的优选受众。你可能想要吸引多个受众，相应方法要因人而异。例如，假设你准备发表一篇关于休斯敦市女子监狱重返社会计划（Reentry Program）[1]的评估报告，你的目标是让人们注意并采用它：

·受众甲是得克萨斯州的重返社会计划主管。

·受众乙是得克萨斯州立法委员会关注刑事司法问题的工作人员。

·受众丙是《休斯敦纪事报》（*Houston Chronicle*）的新闻记者。

从一开始就优先确定你的受众将帮助你最有效地分配你的沟通资源，并让你专注于你的目标。

你想让他们做什么? 在了解你的研究后, 他们会采取什么行动?

179

受众甲 _____

受众乙 _____

受众丙 _____

接下来，思考你希望每个受众在了解你的成果后采取什么行动。

·受众甲。**重返社会计划主管**将你的发现融入他们的项目中, 邀请你在他们的年度会议上发言，并与他们的同行分享你的成果。

·受众乙。**立法人员**邀请你在简报会上发言或在听证会上发言，在立法中引用你的成果，并将你视为刑事司法问题上的重要资源。

·受众丙。**记者**报道你的成果，采访并引用你的观点，将你视为今后报道的可靠资源。

---

1 美国重返社会计划,旨在帮助罪犯接受相关培训,获得就业机会,并尽可能建立一个健康的支持网络,以减少重新犯罪的可能性。

除了花时间思考你的受众是谁,还要考虑你希望他们在你的推广工作中扮演的角色与承担的任务,这将帮助你明确想要达到的效果。

规划时间表

研究人员和所有类型的沟通者经常低估时间的重要性。如果你需要分析政策提案的影响效应,而政策制定者正在就此辩论,你的分析报告就算没有在上周交付,最晚今天也该出现在他们手中。

把握时机,让研究成果尽快被目标受众获取,方能为传播计划的成功打下基础。如果在11月的退伍军人节之前或当天发布一份关于退伍军人的研究简报,会比在2月的任意一天发布更受关注(除非恰好在2月有一场关于退伍军人的全国性对话,这种情况下,不妨一试)。

规划时间,找准时机。 推广时间是什么时候? 有需要牢记的关键事件吗? 是否有一个明确的截止日期?

	1月	2月	3月	4月	5月	6月	7月	8月	9月	10月	11月	12月
可交付成果 1												
可交付成果 2												

在规划推广时间的同时,也要注意考虑到与工作相关的关键事件。如果你想向得克萨斯州的州立法委员呼吁,那么就充分利用州立法会议之前或期间的这段时间,毕竟在得克萨斯州,立法期每隔两年只有几周,时机非常重要。这是倡导者、州议会记者和其他影响力者最投入这些话题的时候。

围绕关键事件进行预测和计划,还可以帮助你在新闻周期中找到完善成果的机会。例如，如果你知道下一届超级碗将在佛罗里达州的迈阿密举行，你可以预测到新闻媒体将在比赛前几周进行相关报道。

这将是发布相关研究的最佳时机——也许是对迈阿密市低收入住房挑战的分析，或者是一篇关于美国橄榄球联盟（NFL）种族工资差距的论文，或者是一篇关于脑震荡和慢性创伤性脑病（CTE）的期刊文章。随着超级碗成为新闻焦点，记者们将会寻找新奇有趣的信息来讲述。提前规划，找准时机，有助于你成为信息来源。

181

你还应考虑可能会影响你推广的因素。我们通常避免在周五、周六、周日、假期，有时甚至是假期的前一天或后一天推广研究，特别是最新研究。即使研究成果包含非常吸睛的新数据或见解，最好还是在人们最忙碌的传统工作日分享，因为这个时候人们最专注。

分秒必争

如果新闻媒体是你的首要受众，那么时间选择就格外重要。为了增加研究成果在发布当天获得新闻报道的机会，你需要找到对此关注的记者和适合该新闻媒体的发布时间。

例如，如果你正在与当地电台的记者合作，他准备在早间新闻节目报道，你需要确保你的研究在凌晨到节目开始之间的某个时间发布。不同的媒体机构要求的时间不同，所以最好和记者确认最佳时间（参见第六章，特别是关于广播和电视采访部分）。

事先告知

这一步并非不可或缺，但随着你越来越有经验地进行推广，你可能会列出一个简短的名单，想要与名单上的人先行预告。这些人是你的关键受众，他们可以在研究公开发布之前先睹为快。这个名单可能包括媒体成员、在研究领域颇有影响力的人，甚至是潜在的批评或反对者（参见第二章）。

如果你的目标之一是确保媒体报道，计划一周甚至几天的时间"禁止"接触记者会有极大帮助。禁止向其他关键利益相关者进行推广——无论他们是帮助你推广研究的人，还是可能批评它的人——也可以增加研究被积极接受的可能性。

182

历久弥新

虽然你应该计划将大部分传播工作置于研究推广之初进行，但同时也要考虑好这一时间点之外的安排，这样你的工作才不会逐渐淡出人们的视野。为了达到最好的效果，拿起日历，开始列一个重要日期清单。清单包括重要会议或其他你可以发表讲演和分享成果的场所，以及关键立法机构召开会议的时间。

预测记者和在社交媒体上有影响力的人将会在何时讨论你的问题。例如，母亲节前一周可能是重新推广你六个月前对美国产妇健康状况分析成果的绝佳机会。你的成果如果与人们谈论的内容相关，未必是"新"的，但仍能焕发新的活力。

精炼信息

现在想想你要如何谈论你的研究成果。清晰而精炼的信息会让你在某些方面取得成功。首先，如果你能清楚地表达你的观点，他人就很难误解或曲解你。其次，紧凑的信息更适合在多个媒体平台上传播，其中一些平台需要高度简短的文本（例如一条280个字符的推文）。

　　想要写出引人注目的信息，应该考虑3到5个关键点，它们是从研究中获得的最重要的信息。通过设想成果的报纸标题，思考要点是什么，研究的重要性在何处体现（你可以使用第四章中创建的讲演工作表作为起点）。　　　183

> **写下你的关键信息。你的头条信息是什么? 能否让你的观众注意到? 有什么新的、与众不同的、意料之外的内容?**
>
> _____
>
> _____
>
> _____

示例："休斯敦市妇女重返社会项目评估"的关键要点

　　你即将发布一份长达150页的项目评估报告，该项目旨在为从监狱系统出来的女性提供重返社会支持服务。你的关键内容应该包括你做了什么，学到了什么，以及关于它重要性的简短描述。把它看作你的"电梯游说"可能会有所帮助。你将如何在60秒或更短时间内总结所做的事情?

　　·我们刚刚发布了对休斯敦市妇女重返社会项目的评估，这是一个职业技能培训项目，旨在教授出狱的妇女编写和开发应用程序。

　　·我们跟踪调查了所有结业生的就业率，发现75%的毕业生在该项目结束五年后从事高薪的技术工作。

　　·换个角度来看，通过提供学习一项新技能的机会，有5000名女性实现自给自足，并为科技经济做出贡献。

　　·在剩下的25%中，10%的人从事最低工资的工作，15%的人重返监狱。　　184

　　·虽然不是每个人都获得了经济上的成功，但关键在于这个项目对大多数参与者都有效。其他城市应该探索类似的方法，这样就可以让更多的人重返工作岗位，而不是重返监狱。

　　思考如何将你的信息传达给你的关键受众。例如，记者会想知道你的成果有何新鲜之处，例如这项工作有什么值得被新闻报道的亮点吗？你能用什么形容词对其加以描述？这项工作是界内首创吗？这是同类研究中规模最大、最严谨的一项吗？你是否使用了之前从未被分析过的数据？

　　如果在全国范围内发布研究，那么在与不同地区观众交谈时，需要因地制宜提出不同见解。政策制定者可能会对独特之处感兴趣——是什么让这项研究与众不同，但他们也想知道它对居住在他们选区的人们有什么影响。在对话中应该以与所在州最相关的数据或发现为开头，并向他们介绍政策的影响以及相关建议。

　　这同样适用于与当地媒体接触。亚利桑那州图森的公共广播电台可能对美国人口老龄化的全国报告感兴趣，但他们最关心的是这对图森和亚利桑那州的老年人来说意味着什么。

确认传播者

　　一旦明确信息，想想可以让谁来帮助你广泛传播它。这包括前面提到的关键受众，以及任何可信的、与目标受众有联系的、能坚定支持你的人（回想一下第二

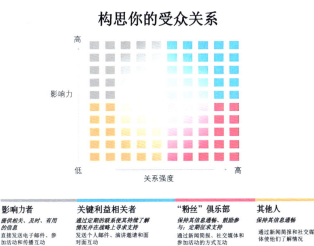

构思你的受众关系　　　185

章中的图表）。这些就是你的传播者。

除了分享研究的预先副本，还可以为他们提供一套素材来帮助你传播信息。该素材包可以包括突出亮点、示例语言，以及用于社交媒体推广的图表。如果你能为传播者提供方便，他们会非常乐意帮你完成推广。

选择沟通策略

设计好的战略要派上用场了。回到你的受众清单（在第二章开始研制的），联系他们的最佳方法是什么？

186

列出你的渠道和策略。如何才能接触到你的受众？

受众甲 _____

受众乙 _____

受众丙 _____

假设你的目标是让更多的项目效仿休斯敦市妇女重返社会项目的模式。

以下是建议采取的策略：

·受众甲。**重返社会项目的负责人**：直接发送电子邮件，向他们提供社交媒体内容，邀请他们参加以重返社会为主题的网络研讨会。

·受众乙。**从事刑事司法工作的立法人员**：直接发送电子邮件，在首都报纸上发表评论文章。

·受众丙。**记者**：发一封简短的媒体宣传邮件或者邀请他们来参加介绍你作品的公开活动。

你也可以向他人寻求帮助，以接触这些不同的受众群体。你所在的组织或大学是否有媒体或外联部门可以帮助你？是否有朋友或同事与你的目标群体有联系? 本书的其他章节可以帮助你在讲演、记者会谈、博文撰写与社交媒体平台等方面设计具体的策略。

设计和创建产品

注意要针对不同的受众和他们各自的推广渠道采取最适宜的作品包装方式。这需要不断完善作品,将其提炼成更简明易懂的形式。

如果你的核心研究报告长达150页,制作一个两页的精炼摘要,一页的事实说明以及一个信息图或简单的图表。简短的总结非常有利于政策工作人员寻找关键要点,也有助于记者们对报告形成初步印象,来判断报告是否值得一读。

让你的传播者做好准备。有没有验证员、思想领袖、影响力者等可以帮助你传递你的信息? 你是否需要制作一些材料来帮助分享你的信息?

☐ 概况介绍 ☐ 媒体宣传 ☐ 推文

☐ 书面证词 ☐ 电梯游说 ☐ 领英帖子/博客

☐ 政策摘要 ☐ 博客文章 ☐ 脸书消息

☐ 其他:

如果你正在采取社交媒体策略,必须要有先见之明和对补充研究的关注(参见第七章)。例如,如果你在推特上发布了一个150页报告的链接,你的推特"粉丝"不太可能在打开链接后放下一切并读完它。

在脸书和推特这样的社交媒体渠道上,发布醒目且便于快速访问的内容是更有效的方法。例如一张吸睛的图表或图像,一个关键信息陈述。或者通过编写一篇400~800字的博文,并在你的推特或帖子中附上链接。这会比一篇篇幅长的报告更容易被浏览。

　　为了吸引传统新闻媒体，你需要写一个简短的说明——媒体宣传语——将
你的作品提炼为有趣和可快速通读的要点，并通过引人注目的图表或视觉效果呈
现出来。在发布前几周或几天联系记者并告知消息，通常会对你有帮助。

　　如果你决定使用媒体禁发期，就需要有一个可分享的研究成果早期版本，可
用来发送给记者。如果研究成果还在进行局部修改和格式编辑，你可能需要在上
面加上"草稿"的字样，并注明取消媒体禁令的日期和时间。

　　请记住每一个研究成果，即使是280个字符的推文，都应该以你的研究为基
础，就像在第一章以及之前章节中所讨论的那样。

　　在创造这些研究成果时，你并不是在简化你的研究；相反你要根据最突出的
要点将其塑造成最适合特定传播渠道的成果。为此得到的回报是你的成果将以
最有效的方式传达给你的受众。

媒介	复杂性	受众
社交媒体		
媒体采访		
博客、网络功能、数据可视化		
专栏和评论		
与倡导者和实践者交流		
圆桌会议和政策会议		
政策简报和概况介绍		
国会证词		
同行评议的期刊文章		
包含方法细节的技术报告		

衡量影响　　　　　　　　　　　　　　　　　　　　　　　　　　　　　　189

　　最后一步是决定你将如何评估成效。回顾你的目标，思考你所获得的成就要
如何衡量。你是否与目标受众成功建立联系，目标受众是否按照预期采取行动？

评估。你如何知道你的计划是否成功? 你将如何衡量产出和结果?

_____

_____

_____

回到休斯敦市重返社会项目的例子, 你如何确认成果是否被三类目标受众采用? 可以通过以下方式衡量。

·**项目主管和立法人员**: 你收到的电子邮件的回复数量, 你的网络研讨会的与会者数量, 讲演或进一步参与的邀请数量。

·**记者**: 最终媒体报道的数量和报道质量, 包括对研究的引用和参考。

·**所有三类目标受众**: 产品或相关新闻报道在社交媒体上被分享的次数, 以及后续对你进行专业咨询的次数。

你可以全面了解这三类目标受众, 并评估他们的参与程度。他们中有没有人在社交媒体上分享你的作品, 或者在公开活动或媒体采访中引用过你的作品? 如果你之前与他们并不相识, 通过早期联系, 你是否为建立长期联系和未来合作奠定了基础?

根据数字通信策略的复杂程度, 你还可通过网站流量测量工具来收集诸如总页面浏览量、总出版物下载量、平均页面停留时间等项目的数据。如果你使用社交媒体策略, 有各种工具可以衡量你的社交媒体帖子的具体表现, 以及人们分享和讨论你的内容的频率(参见第七章)。

190

总结

聪明的沟通计划总是从树立目标开始。明确并专注于你想要最终实现的目标。这需要思考你的受众是谁, 如何与他们建立联系, 以及你希望他们如何助推你的工作。然后你可以规划时间表和制定战术，设计你想要传达的有关研究的信息。

把握每一次机会，无论是媒体采访、讲演、系列推文，还是快速的电梯游说，你想要传达的三四个关键要点是什么？考虑你所在领域中可以帮助推广这些要点、扩大你影响范围的人。

选择恰当的渠道与受众沟通，并将你的研究以最适配的形式重新包装。当计划推广时间表时，请牢记有利于提高研究可见度的关键时机，并加以利用。最后，你要明确衡量是否实现目标的标准，以及如何持续跟踪后续影响。

投入时间仔细思考政策影响计划表，有助于你的工作在目标受众中获得最大的知名度和参与度。你还可以根据个人项目情况和目标来调整规模。我们刚刚完成的工作表可以针对预算为200万美元、200美元甚至2美元的项目进行定制。不管获得何种资源——全规模的沟通团队还是单人小成本运营——你都应该花时间思考你真正想要完成的是什么，以及你将如何实现这个目标。

本章要点

·深思熟虑的计划可以帮助你的成果在目标受众中获得最大的知名度和参与度。

·认真填写政策影响计划工作表将帮助你了解你的产品和策略如何在一个富有凝聚力的战略中协同工作、实现目标。

·从决定发布的时间到确定沟通渠道和产品，每一步都应该专注于如何最好地与目标受众建立联系。

·制订计划还可以帮助你回顾和评估你的策略的成功与不足，以便后续进行相应调整。

政策影响计划模板

计划：_____

目标：_____

确定你的关键受众。谁会从学习你的研究中受益？

受众甲_____

受众乙_____

受众丙_____

你想让他们做什么？在了解你的研究后，他们会采取什么行动？

受众甲_____

受众乙_____

受众丙_____

规划时间，找准时机。推广时间是什么时候？有需要牢记的关键事件吗？是否有 192

一个明确的截止日期？

	1月	2月	3月	4月	5月	6月	7月	8月	9月	10月	11月	12月
可交付成果 1												
可交付成果 2												

写下你的关键信息。你的头条信息是什么？能否让你的观众注意到？有什么新的、

与众不同的、意料之外的内容？

_____

_____

列出你的渠道和策略。如何才能接触到你的观众?

受众甲 _____

受众乙 _____

受众丙 _____

让你的传播者做好准备。有没有验证员、思想领袖、影响力者等可以帮助你传递你的信息? 你是否需要制作一些材料来帮助分享你的信息?

□ 概况介绍   □ 媒体宣传   □ 推文

□ 书面证词   □ 电梯游说   □ 领英帖子/博客

□ 政策摘要   □ 博客文章   □ 脸书消息

□ 其他:

评估。你如何知道你的计划是否成功? 你将如何衡量产出和结果?

_____

_____

案例研究：优秀传播团队的组织结构和工作流程

纵观本书，我们已经证明良好的研究传播难以独立完成。城市研究所的团队或许可以作为如何构建组织传播能力的优秀范例。我们的传播团队，在过去的五年里得到了极大的发展，现在已有 50 多人。我们通过总结成功经验得出，高效的研究传播是工作的重点。

团队分为 8 个部门。

1. 数字通信：开发和维护网站和数字内容。

2. 编辑服务：为所有材料提供文案编辑和其他编辑支持。

3. 对外事务：通过直接外联，将城市研究所的研究人员与决策者、政策制定者和其他团体联系起来。

4. 战略传播：通过媒体和其他外联手段，引导提高研究的可见度并吸引关键受众。这些团队成员中的许多人都融入了城市研究所的研究中心。

5. 视觉传播：维护城市研究所的视觉品牌，设计数字及印刷产品。

6. 写作服务：为数字功能、报告等提供直接的写作支持。

7. 数据可视化：为各种城市研究所的研究成果创建静态和交互式图表。

8. 运营：领导项目管理、协调和行政管理。

这些团队的成员经常合作执行每个研究成果的传播策略。我们的团队在此基础上经历了许多组织结构上的变化。你的组织或许不需要所有这些团队，因而你应该自行决定何种组织结构更适合你的需求。

我们的传播团队还使用定期会议和各类工具来帮助协调内部团队和研究中心之间的工作。

·**站立会议**：整个传播团队每周选取三个早晨召开 15 分钟的会议，讨论即将发布的报告、博客文章、外联工作、时事通讯以及其他当下发生的事件，以确保每个人都了解整个组织现状。为了保持会议简短，所有人都需站着参加。这些信息保存在一个在线项目管理数据库中，并保存在部门中心的白板墙上，以便跟踪一周内的所有事情。

·**信息登记表**：为了获得传播支持，研究人员必须填写一份在线表格（位于城市研究所的内部网页上），其中包含他们研究的目标受众、出版物类型、目标日期、资助者等信息。

·**启动会议**：在传播团队通过接收流程被分配到一个研究项目后，工作人员与研究人员会面，讨论产品的可能性、关键受众和下一步安排。

·**双周报告**：每两周，团队成员更新一份文件，详细介绍最近的传播工作、正在推进的新举措、招聘公告以及城市研究所总裁和执行团队的其他相关信息。

·**Slack 频道**：城市研究所的团队使用 Slack 即时通信服务进行全天即时沟通。除了讨论有趣或琐碎的日常，更多的还是专注工作，如博客、视觉、编辑等。

你的组织可能不需要上述所有工具和会议，但经过多次试错，我们发现这些实践满足了我们的需求，并确保团队可以帮助研究人员实现他们的传播目标。

参考文献

第一章　学术研究为何需要大众化传播

Alda, Alan. *If I Understood You, Would I Have This Look on My Face? My Adventures in the Art and Science of Relating and Communicating.* New York: Random House Trade Paperbacks, 2018.

Bump, Philip. "Reminder: It's Very Unusual to Vote on a Health-Care Bill Before Congress Knows What It Will Do." *The Washington Post* (September 19, 2017). https://www.washingtonpost.com/news/politics/wp/2017/09/19/reminder-its-very-unusual-to-vote-on-a-health-care- bill-before-congress-knows-what-it-will-do/.

Delistraty, Cody C. "The Psychological Comforts of Storytelling." *Harvard Business Review* (November 2, 2014).

Fingerhut, Hannah. "Republicans Skeptical of Colleges' Impact on U.S., but Most See Benefits for Workforce Participation." *FactTank: News in the Numbers*. Pew Research Center (July 20, 2017).

Gallup. "Military, Small Business, Police Stir Most Confidence." (June 28,

2018). https://news.gallup.com/poll/236243/military-small-business-police-stir-confidence.aspx.

Harrington, Matthews. "Survey: People's Trust Has Declined in Business, Media, Government, and NGOs." *Harvard Business Review* (January16, 2017).

Mance, Henry. "Britain Has Had Enough of Experts, Says Gove." *Financial Times* (June 3, 2016).

Medina, John. *Brain Rules: 12 Principles for Surviving and Thriving at Work, Home, and School.* Seattle WA: Pear Press, 2014.

NPR/PBS NewsHour/Marist Poll Results (January, 2018). http://maristpoll.marist.edu/nprpbs-newshourmarist-poll-results-january-2018/.

Pew Research Center. "Public Confidence in Scientists Has Remained Stable for Decades." (March 22, 2019). https://www.pewresearch.org/facttank/2019/03/22/public-confidence-in-scientists-has-remained-stable-for-decades/.

Stein, Jeff. "House Republicans: The CBO Will Back Us Up. And It Doesn't Matter If It Doesn't." *Vox Media* (March 8, 2017).

Zak, Paul J. "How Stories Change the Brain." *Greater Good Magazine* (December 17, 2013).

Zak, Paul J. "Why Your Brain Loves Good Storytelling." *Harvard Business Review* (October 28, 2014).

第二章　研制拓展受众的策略

Governing the States and Localities. "Federal Employees by State." (January 19, 2018). http://www.governing.com/gov-data/federal-employees-workforce-numbers-by-state.html.

第三章　可视化研究介绍

注：本章内容大部分来自本书作者的*Better Presentations: A Guide for Scholars, Researchers, and Wonks*一书，以及他2014年发表于*Journal of Economic Perspectives*的文章 "An Economist's Guide to Visualizing Data"。

Few, Stephen. "Tapping the Power of Visual Perception." *Visual Business Intelligence Newsletter* (September 4, 2004). http://www.perceptualedge.com/articles/ie/visual_perception.pdf.

Healey, Christopher G., and James T. Enns. "Attention and Visual Memory in Visualization and Computer Graphics." *IEEE Transactions on Visualization and Computer Graphics* 18, no. 7 (2012): 1170–1188.

Kosara, Robert, and Jock Mackinlay. "Storytelling: The Next Step for Visualization." *Computer* 46, no. 5 (2013): 44–50.

Schwabish, Jonathan. "An Economist's Guide to Visualizing Data." *Journal of Economic Perspectives* 28, no. 1 (Winter 2014): 209–234.

Schwabish, Jonathan. *Better Presentations: A Guide for Scholars, Researchers, and Wonks*. New York: Columbia University Press, 2016.

Segel, Edward, and Jeffrey Heer. "Narrative Visualization: Telling Stories with Data." *IEEE Transactions on Visualization and Computer Graphics* 16, no. 6 (2010): 1139–1148.

Social Security Advisory Board. "Aspects of Disability Decision Making: Data and Materials." Social Security Administration (February 2012). http://www.ssab.gov/Publications/Disability/GPO_Chartbook_FINAL_06122012.pdf.

Szucs, Kristina. "Spotlight on Profitability." Infographic (2012). http://krisztinaszucs.com/my-product/hollywood/.

第四章　更好的讲演：更具效率的演讲

注：本章内容大部分来自本书作者的*Better Presentations: A Guide for Scholars, Researchers, and Wonks*一书。

Mayer, Richard. *Multimedia Learning*. New York: Cambridge University Press, 2009.

Paivio, Alan. *Mental Representations: A Dual Coding Approach*. Oxford: Oxford University Press, 1986.

Paivio, Alan. *Images in Mind: The Evolution of a Theory*. New York: Harvester Wheatsheaf, 1991.

Sweller, John, Paul Ayres, and Slava Kalyuga. *Cognitive Load Theory*. 11th ed. New York: Springer, 2011.

第五章　如何将研究结果写成博客

Akers, Beth, and Matthew M. Chingos. *Game of Loans: The Rhetoric and Reality of Student Debt*. Princeton, NJ: Princeton University Press, 2016.

Bergstrom, Breonna. "How Long Should a Blog Post Be to Get the Most Traffic and Shares?" *CoSchedule* (January 8, 2018). https://blog.bufferapp.com/optimal-length-social-media.

Costill, Albert. "50 Things You Should Know About Tumblr." *Search Engine Journal* (January 9, 2014). https://www.searchenginejournal.com/50-things-know-tumblr/84595/.

Fifield, Adam. "5 Tips for Google's New Meta Title Guidelines in 2018." *Big Leap* (December 20, 2017). https://www.bigleap.com/blog/5-tips-take-advantage-googles-new-meta-title-guidelines-2016/.

Jane, Talia. "An Open Letter to My CEO." *Medium* (February 19, 2016). https://medium.com/@taliajane/an-open-letter-to-my-ceo-fb73df021e7a.

Jeffries, Adrianne. "Posterous Is Shutting Down: Here Are the Best Alternatives." *The Verge* (April 30, 2013). https://www.theverge.com/2013/4/30/4281780/posterous-is-shutting-down-tomorrow-here-are-the-best-alternatives.

Kooragayala, Shiva, and Tanaya Srini. "Pokémon GO Is Changing How Cities Use Public Space, but Could It Be More Inclusive?" *Urban Wire* (August 1, 2016). https://www.urban.org/urban-wire/pokemon-go-changing-how-cities-use-public-space-could-it-be-more-inclusive.

Lee, Kevan. "Infographic: The Optimal Length for Every Social Media Update and More." *Buffer* (October 21, 2014). https://blog.bufferapp.com/optimal-length-social-media.

National Journal Leadership Council. "Media Habits of Congressional Staff in the Digital Age: Insights from the 2017 Washington in the Information Age Study." (February 28, 2018). http://go.nationaljournal.com/rs/556-YEE-969/images/Media-Habits-of-Congressional-Staff-in-the-Digital-Age_2.28.2018.pdf.

National Journal Leadership Council. "How Washington Insiders Get Their Information: Insights from Washington in the Information Age 2018." (November 2018).

Rao, Shebani, and Nancy G. La Vigne. "Five Ways to Reduce Crime." *Urban Wire* (May 8, 2013). https://www.urban.org/urban-wire/five-ways-reduce-crime.

Simms, Margaret. "Visibility for Women of Color Is the Crucial First Step Toward Equality." *Urban Wire* (March 8, 2018). https://www.urban.org/urban-wire/visibility-women-color-crucial-first-step-toward-equality.

Snow, Shane. "This Surprising Reading Level Analysis Will Change the Way You Write." *The Content Strategist* (January 28, 2015). https://contently.com/2015/01/28/this-surprising-reading-level-analysis-will-change-the-way-you-write/.

Sussman, Ed. "The New Rules of Social Journalism: A Proposal." *Pando*(March 29, 2014). https://pando.com/2014/03/29/the-new-rules-ofsocial-journalism-a-proposal/.

Tumblr. About page. Accessed December 2019. https://www.tumblr.com/about.

第六章 开展媒体工作增加你的影响力

Jan, Tracy. "White Families Have Nearly 10 Times the Net Worth of Black Families. And the Gap Is Growing." *Washington Post* (September 28, 2017). https://www.washingtonpost.com/news/wonk/wp/2017/09/28/black-and-hispanic-families-are-making-more-money-but-they-still-lag-far-behind-whites/.

Jan, Tracy. "Here's Why the Wealth Gap Is Widening Between White Families and Everyone Else." *Washington Post* (October 5, 2017). https://www.washingtonpost.com/news/wonk/wp/2017/10/05/heres-why-the-wealth-gap-is-widening-between-white-families-and-everyone-else/.

Kijakazi, Kilolo and Heather McCulloch. "Building Women's Wealth Is Key to Economic Security." (May 29, 2018). https://slate.com/human-interest/2018/05/gender-inequality-closing-the-wealth-gap-is-critical-to-future-financial-security.html.

La Ferla, Ruth. "The Captionfluencers." *New York Times* (March 27, 2019). https://www.nytimes.com/2019/03/27/style/instagram-long-captions.html.

LaVito, Angelica. "Tax Reform Was Hard for Reagan in 1986. It Might Be Even Harder for Trump Today." *CNBC* (August 16, 2017). https://www.cnbc.com/2017/08/16/reagan-tax-reform-approved-by-congress-in-1986-harder-fortrump-now.html.

Shen, Lucinda. "Why Some Investors Are Refusing to Buy Walmart Stock." *Fortune* (March 5, 2018). http://fortune.com/2018/03/05/walmart-guns-kroger-parkland-florida-shooting-blackrock-vanguard/.

Woodall, Marian K. *How to Think on Your Feet*. New York: Warner Books, 1993.

Yang, Jenny. "Does the Law Protect the LGBTQ Community from Discrimination? It Should Be an Easy Answer." (April 26, 2019). https://www.washingtonpost.com/opinions/2019/04/26/does-law-protect-lgbtq-community-discrimination-it-should-be-an- easy-answer/.

第七章　社交媒体建联目标受众

Ali, Raian, Emily Arden-Close, and John McAlaney. "Digital Addiction: How Technology Keeps Us Hooked." *The Conversation* (June 12, 2018). https://theconversation.com/digital-addiction-how-technology-keeps-us-hooked-97499.

"Digital Addiction Research." Bournemouth University. Accessed April 2019. https://research.bournemouth.ac.uk/project/dar/.

Flaiz, William. "Universal Search Should Be a Plus." *Search Engine Watch* (December 8, 2008). https://searchenginewatch.com/sew/news/2064364/universal-search-should-be-plus.

Meshi, Dar, Anastassia Elizarova, Andrew Bender, and Antonio Verdejo-

Garcia. "Excessive Social Media Users Demonstrate Impaired Decision Making in the Iowa Gambling Task." *Journal of Behavioral Addictions* 8, no. 1 (2019): 169–173.

National Journal. "Washington in the Information Age 2017." Accessed August 2018. https://www.nationaljournal.com/bp/659170/ washington-information-age.

Newport, Cal. *Digital Minimalism: On Living Better with Less Technology.* New York: Portfolio, 2019.

案例研究

Acs, Gregory, Laura Wheaton, and Elaine Waxman. "Assessing Changes to SNAP Work Requirements in the 2018 Farm Bill." *Urban Institute*(May 15, 2018). https://www.urban.org/research/publication/assessing-changes-snap-work-requirements-2018-farm-bill.

Cunningham, Mary K., et al. "A Pilot Study of Landlord Acceptance of Housing Choice Vouchers." *Urban Institute* (August 20, 2018a). https://www.urban.org/research/publication/pilot-study-landlord-acceptance-housing-choice-vouchers.

Cunningham, Mary, and Martha Galvez. "State Policymakers Are Making Affordable Housing Problems Worse in Texas." *TribTalk* (April 17, 2019). https://www.tribtalk.org/2019/04/17/state-policymakers-are-making-affordable-housing-problems-worse-in-texas/.

Cunningham, Mary K., Martha M. Galvez, and Emily Peiffer. "Landlords

Limit Voucher Holders' Choice in Where They Can Live." *Urban Wire* (August 20, 2018). https://www.urban.org/urban-wire/landlords-limit-voucher-holders-choice-where-they-can-live.

Hahn, Heather. "That's Scary: America Spends as Much on Halloween as It Does on Head Start." *Urban Wire* (October 31, 2017). https://www.urban.org/urban-wire/thats-scary-america-spends-much-halloween-it-does-head-start.

Hahn, Heather, Eleanor Pratt, Eva Allen, Genevieve Kenney, Diane K. Levy, and Elaine Waxman. "Work Requirements in Social Safety Net Programs: A Status Report of Work Requirements in TANF, SNAP, Housing Assistance, and Medicaid." *Urban Institute* (December 22, 2017). https://www.urban.org/research/publication/work-requirements-social-safety-net-programs-status-report-work-requirements-tanf-snap-housing-assistance-and-medicaid.

Isaacs, Julia, et al. "Kids' Share 2017: Report on Federal Expenditures on Children Through 2016 and Future Projections." *Urban Institute* (October 31, 2017). https://www.urban.org/research/publication/kids-share-2017-report-federal-expenditures-children-through-2016-and-future-projections.

Karpman, Michael, Stephen Zuckerman, and Dulce Gonzalez. "Material Hardship Among Nonelderly Adults and Their Families in 2017." *Urban Institute* (August 28, 2018). https://www.urban.org/research/publication/material-hardship-among-nonelderly-adults-and-their-families-2017.

Oneto, Alyse D., Martha M. Galvez, and Claudia Aranda. "Los Angeles County Is Taking Steps to Prevent Discrimination Against Housing Voucher Holders." *Urban Wire* (February 15, 2019). https://www.urban.org/urban-wire/los-angeles-county-taking-steps-prevent-discrimination-against-housing-voucher-holders.

Oneto, Alyse D., Emily Peiffer, Claudia Aranda, and Martha M. Galvez. "Despite the Law, Landlords Still Reject Voucher Holders in DC." *Urban Institute* (September 20, 2018). https://greaterdc.urban.org/blog/despite-law-landlords-still-reject-voucher-holders-dc.

Urban Institute. "Education Data Explorer Beta." Accessed October 2019. https://educationdata.urban.org/data-explorer/.

Urban Institute. "Nine Charts About Wealth Inequality in America." (October 5, 2017). https://apps.urban.org/features/wealth-inequality-charts/.

Urban Institute. "From Safety Net to Solid Ground." Accessed October 2019. https://www.urban.org/features/safety-net-solid-ground.

Urban Institute. "The Well-Being and Basic Needs Survey." (various years). Accessed October 2019. https://www.urban.org/policy-centers/health-policy-center/projects/well-being-and-basic-needs-survey.

Urban Institute. "Housing Finance Policy Center." Accessed October 2019. https://www.urban.org/policy-centers/housing-finance-policy-center/projects/housing-finance-glance-monthly-chartbooks.

贡献者名单

苏丹淳 / 译

    戴维·康奈尔是城市研究所的数字传播高级总监。他的团队负责该组织数字推广战略的所有方面。其中包括为网站和应用程序提供技术指导,为网站和应用程序创建内容以及通过电子邮件、社交媒体和广告制定分销策略。在加入城市研究所之前,康奈尔曾在自然保护协会、海洋保护协会和美国景观设计师协会担任各种数字传播工作职务。

    埃米·埃尔斯布里是城市研究所的对外事务高级总监。她负责与城市研究所的关键外部受众建立关系,包括美国国会、联邦行政部门、州和地方政府、商界、学术界以及其他与城市研究所有共同政策利益的组织。她确保他们的观点能切实为城市研究所的研究议程提供信息,并进一步为州、地方和联邦政策讨论提供信息。此外,埃尔斯布里还监督管理城市研究所的公共活动和会议。在加入城市研究所之前,埃尔斯布里是全国城市联盟的公共事务和成员关系总监,负责把握战略沟通、企业关系和成员关系。在此之前,她曾担任州和地方政府学院主任,并在美国铁路公司担任过各种政府事务和传播职位。在职业生涯早期,她还曾在马萨诸塞州联邦关系办公室和国会工作。

    劳拉·格林巴克(Laura Greenback)是城市研究所写作服务团队成员。

她负责协调和撰写该组织重大传播项目的内容。她还实质性地参与撰写并编辑概述、情况介绍和其他出版物，以确保城市研究所的研究成果能被广泛接受。在加入城市研究所之前，她曾是软件与信息产业协会的公关总监，在那里她代表谷歌、万国商业机器公司（IBM）和彭博社（Bloomberg）等成员公司推广政策立场。她拥有华盛顿学院英语学士学位和美利坚大学互动新闻学硕士学位。

塞雷娜·雷（Serena Lei）是城市研究所写作服务总监。她监督管理一支撰稿团队，该团队帮助创建并实质性地编辑所有城市研究所的研究成果，包括专题、博客文章、出版物、时事简讯和网站等。在加入城市研究所之前，雷是一名记者。她在约翰斯·霍普金斯大学获得学士学位，在西北大学梅迪尔新闻学院获得硕士学位。

斯图·坎特在2019年之前负责城市研究所的媒体关系工作。他于2002年入职城市研究所，此前他在美国公共电视网（PBS）任职18年，在那里他担任企业传播总监，并担任企业创意传播和编辑服务总监。坎特一直是华盛顿特区WETA-TV（PBS的直营分台）的研究员兼记者，报道PBS每周的国会系列节目《立法者》（*The Lawmakers*），并担任PBS面向高中生的时事系列节目《十万个为什么》（*Why in the World*）的研究和人才协调员。此外，他还是纽约、新墨西哥州和爱荷华州的报社记者。他在罗切斯特大学获得英语和语言学学士学位，在美利坚大学获得政治学硕士学位。

布丽奇特·洛厄尔是城市研究所首席传播官和传播副总裁。她于2012年加入城市研究所，拥有超过15年的非营利组织、私营部门、国会和媒体行业的工作经验。在加入城市研究所之前，洛厄尔曾担任全球领先的环境保护组织——大自然保护协会的战略传播总监。在担任该职务期间，她以在媒体关系、声誉管理和加强组织品牌形象方面的工作而闻名。洛厄尔还在国会为一名来自北卡罗来纳州的资深国会议员担任了近五年的传播总监；在此期间，她还为地方和全国性政治活动工作过。洛厄尔毕业于康奈尔大学。她的职业生涯始于电视新闻直播记者，先是在纽约哈德逊河谷的一家有线电视网络公司工作，后来在位于北卡罗来纳州的温斯顿–塞勒姆的美国广播公司分支机构工作。

妮科尔·莱文斯是城市研究所高级数字传播经理，专注于提升该机构在网络受众中的知名度。她负责监督和运营管理城市研究所的社交媒体账户、"城市连线"（*Urban Wire*）、城市研究所网址（Urban. org）、时事简讯和在线广告的内容策略。在加入城市研究所之前，莱文斯曾担任大自然保护协会的在线媒体关系经理，拥有娱乐媒体行业多段实习经历。她在新泽西学院主修专业写作/新闻学，并在约翰斯·霍普金斯大学获得数字传播硕士学位。

埃米·皮克是城市研究所政府事务部门总监。她与城市研究所的专家合作促进与政策决策者的对话和联系，包括美国国会、联邦行政部门以及州和地方政府领导人。在加入城市研究所之前，皮克在国会工作了近8年，从事政策和传播方面的工作。最近，她在美国众议院教育和劳工委员会的地区办公室和国会华盛顿特区办公室任职。皮克的职业生涯始于北加州的一个市政府办公室，曾就读于加州大学戴维斯分校。

埃米莉·派弗（Emily Peiffer）是城市研究所写作服务团队成员，负责报道和撰写专题报道，与广大受众分享城市研究所的见解。她还为博文、报告和城市研究所的其他内容提供实质性的编辑和撰写工作。派弗此前曾为"工业潜水"（Industry Dive）的在线新闻出版物《建筑潜水》（*Construction Dive*）、兰开斯特报纸和美国科学促进会工作。她拥有萨斯奎汉纳大学的学士学位。

　　乔纳森·施瓦比什是城市研究所收入福利政策中心的高级研究员。作为传播团队的一员，他擅长数据可视化和演示设计。他的研究议程包括收入和收入不平等、移民、残疾保险、退休保障、数据测量和补充营养援助计划。施瓦比什被认为是数据可视化领域的佼佼者，也是倡导研究清晰性和可访问性的领军人物。他的著作涉及如何理想地实现数据可视化的各个方面，包括创作的技术、设计的最佳实践以及如何以更容易理解的方式宣传社会科学研究等方面。他著有《更好的讲演》(*Better Presentations: A Guide for Scholars, Researchers, and Wonks*)一书，该书帮助人们改进准备、设计和呈现数据密集型内容的方式。

　　凯特·比利亚雷亚尔是城市研究所的战略传播总监。她与研究人员和传播人员密切合作，领导和执行战略，提高研究的知名度，吸引关键受众，并帮助推动明智的循证政策。加入城市研究所之前，比利亚雷亚尔曾在奥巴马政府担任前美国贸易代表罗恩·柯克(Ron Kirk)的公共和媒体事务人员两年。在此之前，她一边在得克萨斯州希尔县的一家非营利组织从事公关工作，一边攻读政治传播学研究生学位，在那里她为当地报纸撰写每周新闻专栏。2003年至2007年，比利亚雷亚尔担任西雅图的社区组织者，并因带头奋力保护耶斯勒台社区公共住房而获得全市认可。

索 引

（索引中的页码为原著页码，检索时请查本书边码）

雷媛 / 译